U0348685

Richard Templar

泰普勒法则丛书

相爱

遇见更好的自己

原书第4版
Fourth Edition

［英］理查德·泰普勒　著

陶尚芸　译

The
Rules of
Love

机械工业出版社
CHINA MACHINE PRESS

北京市版权局著作权合同登记号 图字：01-2023-3546

图书在版编目（CIP）数据

相爱：遇见更好的自己：原书第4版 /（英）理查德·泰普勒（Richard Templar）著；陶尚芸译. — 北京：机械工业出版社，2024.3
书名原文：The Rules of Love，Fourth Edition
ISBN 978-7-111-75179-3

Ⅰ.①相… Ⅱ.①理… ②陶… Ⅲ.①恋爱心理学 – 通俗读物
Ⅳ.①C913.1-49

中国国家版本馆CIP数据核字（2024）第043015号

机械工业出版社（北京市百万庄大街22号　邮政编码100037）
策划编辑：坚喜斌　　　　　　责任编辑：坚喜斌　陈　洁
责任校对：郑　雪　牟丽英　责任印制：张　博
北京联兴盛业印刷股份有限公司印刷
2024年3月第1版第1次印刷
145mm×210mm·8.75印张·1插页·222千字
标准书号：ISBN 978-7-111-75179-3
定价：59.00元

电话服务　　　　　　　　　　网络服务
客服电话：010-88361066　　机 工 官 网：www.cmpbook.com
　　　　　010-88379833　　机 工 官 博：weibo.com/cmp1952
　　　　　010-68326294　　金 书 网：www.golden-book.com
封底无防伪标均为盗版　　机工教育服务网：www.cmpedu.com

序 言

　　爱很简单，不是吗？你爱你的家人和朋友，他们也爱你。你会找到一个伴侣，彼此相爱。你甚至无须努力，爱就自然而然地出现了。都是真的！但如果你正在读这本书，你就会很清楚，事情远比这复杂得多。

　　人与人之间的爱几乎总是复杂的，因为人是复杂的。爱可以被考验、被检验，被拉伸到极限。有时候我们爱错了人。我们可能爱得太多，也可能爱得不够。我们能感觉到爱，但不知道如何表达爱。我们以为有爱就够了，其实不然。我们可能很难找到爱的感觉，或者不确定我们是否找到了真爱。有时我们认为爱就在身边，却感觉爱在消退，真不知道如何才能让爱重焕生机。

　　爱常常伴随着我们人生中的最高潮和最低谷。爱几乎总是与满足感联系在一起，坦率地说，这是我们大多数人最终想要的生活。所以，我们应该明白，这是一个崇高的目标。想象一下，在你老了的时候，你和你的伴侣（也是你最好的朋友、知己和爱人）一起坐在阳光下，周围是家人和朋友。孩子们在你身边的草地上玩耍，到处都是欢声笑语。是的，我懂，这听起来就像史上最俗套、最无聊的电影结局。但在内心深处，你难道不希望自己正朝着这样的时刻前进吗？

　　这一切都归结为建立牢固而充满爱的浪漫关系，它将在你的一生中坚不可破。嗯，至少从现在开始，你已经坠入爱河，陪伴在你身边的那个人让你快乐，他（她）也享受着你的陪伴。

这一切都归结为"爱"。这个"爱"字容纳的诗歌和故事远超其他任何字眼。"爱"是公认的最基本、最直接的情感，但我们中的许多人发现，它比我们想象的更棘手。我们被告知，我们要爱我们的邻居、我们的同胞，爱使世界转动，爱能征服一切，人类所需皆为"爱"。

是的，爱是一切。但是，你要怎么做呢？你是怎么打理"爱"，让"爱"持久，让"爱"保持新鲜的呢？也许"爱"是人类的一种本能，但事实并没有那么容易。我们总是把事情搞砸。爱情的小船说翻就翻，或者朋友的薄情让我们失望，或者家人在我们需要他们的时候却不在身边，或者孩子们把他们生活中的所有问题都怪罪到我们头上。

你说你需要的只是爱，这听起来很好，但事实并非如此。你所需要的不只是爱，还得加上一本爱的指南，告诉你一旦找到了爱该怎么做。嗯，我从来不曾找到这样的指南。所以，我要奋笔疾书，自己写出一本。

一开始，我和其他人一样迷茫。但如果你读过我的其他法则类的著作，你就会知道，我在生活中真正擅长的是观察别人。我自己似乎不能总是把每件事都做好，但我能看到那些把事情做好的人在做什么。这就是我的专长。我研究过各种关系中的人，比如家庭关系、朋友关系。我很快就明白，真正擅长"爱"的人寥寥无几。那么，会爱的人都做了些什么呢？他们知道什么、做了什么，其他人可以向他们取经吗？当然可以。这就是本书的内容和宗旨。我非常相信有"交感魔法"——如果你去做最快乐的人做过的事，你就会变得和他们一样快乐。

我收集了我在别人身上观察到的"爱的法则"。一路走来，我自己也悟出了一些法则。最能严格遵守这些法则的人，就是那些找到让他们快乐的伴侣，并设法保持这种关系的新鲜感和终身回报的人。他们有亲密的家庭支持，他们的孩子想和他们在一起。他们拥有最亲密、最有益的友谊，还有那些永远围绕在他们身边的人。他们就是"爱的法则玩家"的天选之人。

爱的法则是你一生中要遵循的一系列行为法则，如此，你才能更好地爱别人，也会得到更好的爱。本书囊括了我认为可以帮助大家掌握爱和使用爱的所有法则。

反正这些道理你们大体上都明白，尽管你们可能没有意识到。这些道理在很大程度上都是常识。和我的其他法则类著作一样，这是提示，不是启示。本来就该如此。爱并没有那么难，没有你不知道的秘密。只是有时候我们会有点迷失方向，需要提醒自己什么是真正重要的、我们应该以什么为目标，以便让我们与他人的关系变得深情和持久。

为了方便大家阅读和实践，我把本书分成了几个部分，包括寻爱法则、恋爱法则、家庭法则、友情法则和分手法则（不必太多，因为你不想纠缠于此）等章节。有些法则似乎有点重叠，所以我把它们放在了最合适的章节。如果你觉得我的归类思路有什么不妥之处，敬请谅解。有些法则似乎属于所有话题，所以我把它们收集在"万能法则"部分。

我花了很多年收集这些法则，但我敢打赌，我还有更多要学的东西。也许你们还遇到了本书中没有的指导原则。如果有的话，我很想倾听你们的分享，然后把你们的法则添加到我的收藏夹中。大家可以在我的 Facebook 页面上发布自己的法则。

理查德·泰普勒

玩转爱的法则

读一本囊括了 100 多条追求更幸福、更充实的亲密关系的法则的书，也许听起来有点令人生畏。我的意思是，你应该从哪里开始？你可能会发现你已经遵循了其中的一些法则，但是，你怎么能期望一下子学会几十条新法则，并将它们全部付诸实践呢？别慌，你没必要慌张。记住，你不需要做任何事情——你这么做是因为你想这么做。让我们把它保持在一个可控的水平，这样你就可以继续想这么做了。

你可以用任何你喜欢的方式来做这件事，但如果你需要建议，这里是我的建议。通读这本书，挑出 3~4 条你觉得会对你产生重大影响的法则，或者是你第一次读到它们时突然想到的法则，或者是对你来说是个绝美起点的法则。把它们写在这里：

坚持几个星期，直到这些法则对你来说变得根深蒂固。它们已经成为你的一种习惯。干得漂亮，太棒了。现在你可以用更多法则来重复这个练习。把它们写在这里：

_____

_____

_____

_____

　　太好了。现在你真的有进步了。按照你自己的节奏完成这些法则的学习——不用着急。不久以后，你就会发现你真的掌握了所有对你有帮助的法则。恭喜你，你是一个真正的爱的法则玩家。

目　录

第一章　寻爱法则

第三章　家庭法则

第四章　友情法则

第五章　万能法则

第六章　附加法则：分手法则

第七章　其他不可错过的人生智慧

第一章

寻爱法则

　　给本书取名《相爱：遇见更好的自己》，很好。但是，如果你还没有找到爱呢？或者，你认为你可能找到了爱，但不能确定呢？这个新的伴侣真的是最适合你的吗？你怎么知道呢？在需要做决定的时候，你应该怎么做呢？

　　这次你一定要寻得真爱。你不想做错事或说错话，或者期望过高或过低。所以，当你在寻找完美的伴侣，或者了解最新的契机时，你应该如何表现，以及你应该注意什么？

　　本章应该会为你提供你所需要了解的内容，帮助你在找到真正的伴侣时，认出他（她）并留住他（她）。

　　即使你已经确定了一段关系，可能也想看看本书中的法则。这可能会让你想起你们当初在一起的原因，也可能会让你明白现在的情况。当然，如果涉及帮助朋友和家人寻爱，在他们误入歧途时，你也可以轻松地给予帮助、支持或鼓励。

法则
001

—

做自己

当你遇到一个你真正喜欢的人时，你是不是很想重塑自己的形象，或者你会努力成为你认为对方正在寻找的那个人？你可能变得非常老练，也可能变得坚强、沉默和神秘。至少，你不会再开蹩脚的玩笑让自己尴尬，或者在处理问题时表现得很糟糕。

事实上，你可能做不到。但至少，你可能会坚持一两个晚上，甚至一两个月，但要永远坚持下去是很困难的。如果你认为这个人就是你要找寻的那个人，那么你可能会在接下来的半个世纪左右和他（她）相依相伴。想象一下，在未来 50 年的时间里你要一直装模作样或压抑你天生的幽默感，你该怎样过呢？

你不可能做到，对吧？你真的想一辈子躲在你杜撰的虚假人格背后吗？因为害怕失去对方，你永远不能让他（她）知道这不是真正的你。假设在几个星期、几个月或几年后，当你最终崩溃的时候，对方发现了真实的你，会怎样？他（她）不会对你动真情，并且如果他（她）也一直在演戏，你也不会对他（她）动真情。

我并不是说，你不应该偶尔试着去重塑自我，并让自己进步一点点。我们都应该一直这样做，不仅仅是在我们的爱情生活中。当然，你可以试着变得更有条理，或者不那么消极。改变自己行为的做法真的很棒。这条法则的宗旨是改变你的基本性格。如果你试图让人信服，却把自己弄得很纠结，那是行不通的。

所以，做你自己。不如现在就把一切都说出来吧！如果你不是对方要找的人，至少在他（她）发现之前，你不会陷得太深。你知道吗，也许他（她）真的不喜欢世故，也许沉默寡言的人不适合他（她），也许他（她）会喜欢你坦率的幽默感，也许他（她）想和需要一点照顾的人在一起。

你看，如果你的好是装出来的，你就会吸引一个不属于你的人。这有什么用呢？总有那么一个人，他（她）想要的就是和你完全一样的人，他（她）接受你所有的缺点和弱点。我还要告诉你的是，他（她）甚至不会把这些看成是缺点和弱点。他（她）会认为这是你独特魅力的一部分。他（她）是对的。

———————

不如现在就把一切都说出来吧！

法则
002

满血复活归来，我定重整旗鼓

我们都可能被生活整得遍体鳞伤，这是不可避免的。其中一些人比另一些人更糟糕。当然，正是昔日的伤疤赋予了我们个性，所以，从长远来看，这些并不都是坏事。但是，我们在短期内重新投入战斗之前，可能需要先努力恢复自己的元气。

如果你的上一两段感情给你留下了一些情感上的创伤，那么，在你开始寻找新的爱人或伴侣之前，最好先修复这些创伤。否则，你将无法向对方展示真实的自己。如果你仍然只顾自己，将无法去关注对方。

如果你在新的恋情中犯了错误（我们所有人都会遇到这种情况），你可能会比开始时更受伤。即使你找到了一个真正关心和爱你的人，你俩都可能因为其中一个还没有准备好开始一段关系而受苦。

我有一个朋友，她刚结束一段恋情，心情不好。后来她遇到了一个可爱的男人。他善良、有教养、有保护欲，正是她所需要的伴侣。在接下来的几年里，他一直照顾她，直到她再次成为一个坚强且独立的女人。然后，怎样了呢？"坚强且独立"彻底毁了他们的关系。她不再是他爱上的那个女人了。很多男人都喜欢坚强且独立的女人，但他不是那样的男人。他喜欢需要照顾的弱女子。

这就是危险所在。即使你发现自己是完美的伴侣，他也只适合你现在的样子，而一旦你恢复元气，你就不是昔日的你，而是真实的你。我并不是说这种关系永远不会成功，但成功的概率非常渺茫。

所以，何苦为难自己。转身离去，找个地方躲起来，舔舐自己的伤口。先享受朋友和家人馈赠的温情，等你恢复了一点元气再开始寻找新的伴侣也不迟。当你这样做的时候，试着选择那些伤疤愈合得相对较好的人。当然，你也得努力治愈自己的伤口。这样你俩都能看到真实的自己，并以你们想要的方式开始你们的恋情。

————

何苦为难自己。转身离去，
找个地方躲起来，舔舐自己的伤口。

| |

先体验独处的快乐，再品尝爱情的甜蜜

我认识一个女人，她以前一直在谈恋爱。那种人，你懂的，也许你自己也是这样的人，就在一段关系结束的那一刻，下一段恋情无缝衔接。有一次，我问她为什么会这样。她告诉我，她不喜欢独自一人，所以，她确保这种事永远不会发生。当我刚认识她的时候，她和一个非常正派的男人在一起，但他没有给她应得的爱。我问她为什么要忍受呢？她耐心地解释说她别无选择，因为另一种选择是靠她自己，而她无法应付。

但最后，事情变得非常糟糕，他离她而去。她准备好迎接即将到来的崩溃情绪。大约一个月后，我见到了她，问她是如何应对失恋创伤的。她告诉我："目前还好。我以为我已经心碎了一地，但显然，崩溃情绪比我预期的来得晚得多。"

我想，她过了六个月才终于明白失恋根本不会导致她情绪崩溃。就在那次失恋三个月后，她遇到了一个可爱的男人，他想认真谈恋爱，期望早点儿同居，但她拒绝了，因为她一个人玩得太开心了。

害怕独自一人是她以前存在的问题，因此她一直维持着糟糕的恋情，忍受着她不应该受到的指责。可一旦她知道独处很快乐，她就会把自己的标准定得更高，不会容忍次优的恋人。她没必要凑合。毕竟，可能发生的最坏情况是她再次回到独处的时光，但这对她来说已经不再是一个问题了。

所以，这个故事要讲的道理是你需要学着去享受独处的快乐和安全感，这样你就不会因为害怕独自一人而陷入糟糕的境地。如果恋爱不快乐，你可以直接撤退。太多的人因为害怕独处而维持着不幸福的恋情。爱的法则玩家学会了享受独处，所以，当他们选择和新伴侣一起生活时，必须有正当的理由。

一旦你掌握了这一法则，你和对方同居的理由就只有一个：你爱他（她），他（她）让你快乐。独自一人很好，但和爱人在一起更好。如果情况不一样了，你可以单方面撤离。

太多的人因为害怕独处而维持着不幸福的恋情。

一见钟情的小确幸

老实说，我不确定这是否完全正确。有些人在遇到未来伴侣的那一刻就知道，这就是他们一生都在寻找的人。但并不是每个人都这样。

如果你不确定此人是你的真命伴侣，请不要冒险去追爱。[○]因为如果他（她）是那个对的人，你早晚会知道的，但也许这需要一点时间。[○]换句话说，如果对方是那个对的人，你会确定——要么马上确定，要么稍晚一点确定，但你迟早会知道。如果你在看到对方的那一刻就能确定他（她）就是你要找的人，那你就非常幸运了（如果你不能每次都这么幸运，就得好好反省一下自己）。但重要的是，在你确定之前不要做出承诺。你听过多少离婚的人都在说："你知道吗，甚至在我结婚的那天，我都在想我有没有选对人。"

⊖ 这句话不够简洁，不能用作标题。

⊜ 看到了吗？一点也不简洁。

我可以告诉你。如果你在婚礼当天还在想这个问题，那就是你的不对了。你这样做是在犯大错。当你确定和那个对的人在一起时，日后的婚姻生活和孩子问题将够你受的。在不确定的情况下进入婚姻殿堂，是很疯狂的行为。

如果你最初不能确定他（她）是不是那个对的人，这很正常。这可能需要几个星期、几个月甚至几年的时间才能确定，尤其是，如果你天生就是一个多疑的人。没关系。只是在你真正确定之前，你不应该做出永久的承诺。

当然，你的新伴侣可能会比你更早确定下来。我们都是不同的个体。但在你准备好之前，不要让他（她）逼你做出决定。他（她）希望你做出承诺是可以理解的，你是一个很棒的人，他（她）为什么不想和你在一起呢？但如果你做了错误的决定，你俩都不会有好日子过。

如果此人真的是适合与你共度一生的人，你就不会想："我不知道我是不是他（她）要找的人，我只是不确定他（她）是不是我要找的人。嗯，就这样吧。"你会想："是的，就是他（她），没错的，让我们继续谈情说爱吧！"如果你不这么想，那你还没准备好做出承诺。

———

如果你最初不能确定他（她）是不是
那个对的人，这很正常。

法则 005

选择能逗你开怀大笑的人

我差点儿把这条法则列为本章的第一条法则，因为这绝对是一段关系中最重要的事情。如果你选择伴侣是因为他（她）的长相、地位，甚至是他（她）的其他个性，你最终会后悔的。无论如何，很多这样的东西可能会在途中丢失，甚至个性特征也会改变。比如，一个自信的人可能会被情感创伤击垮，一个耐心的人可能会因为疾病或疼痛而变得易怒和沮丧。

然而，幽默感会在其他一切都消失之后依然挺你到底。退休几十年后，当你们俩坐在摇椅上，孩子们早已长大成人时，这可能就是你们所剩下的唯一念想了。如果是这样，那也足够了。

欢笑是无价的。幽默感是一件非常私人的事情，有些人就是比另一些人更有幽默感。当你找到那个最能逗你开怀大笑的人，就和他（她）结婚吧。这是我的建议。假设他（她）很适合你，你也几乎肯定会喜欢他（她），因为任何让你欢笑的人都非常有吸引力，即使他（她）的外表不是你所期望的那样也无妨。

嗯，我承认自己说得有点极端了。就我个人而言，我娶了最能逗我笑的人，这绝对是一件正确的事情。但也许你更愿意选择你遇到的第二个或第三个最有趣的人。只是不要在幽默感上妥协，因为幽默真的是最重要的东西。

我还要提及另一个令人着迷的特质。首先，逗笑是最根本的特质，但仅仅是能幽默搞笑的人还不够。你最好找一个能让你幽默自嘲的人，这将让你的生活更加顺畅如意。

我有一个朋友，他的妻子几年前去世了，他说，他最怀念的一件事就是他学会了幽默自嘲。他没有意识到她帮了他多大的忙，也没有意识到这对他的幸福是多么重要。他说，那些日子他总是一本正经的，还会因为她能搞出让他暗自发笑的事情而感到紧张不已。

所以，下次如果你遇到的人拥有美艳的腿、迷人的眼睛或可爱的笑容，不要马上陷入爱河。看看他（她）能不能在不碰你的情况下给你"挠痒痒"，让你发笑。

幽默感会在其他一切都消失之后依然挺你到底。

法则
006

魅力值不满就是绝妙的滤网

　　如果你现在还没有恋爱，你很容易责怪自己的颜值——也许你超重了，也许你秃顶了，也许你有眼袋了，也许你太矮或太高了，也许你的牙齿松动了。

　　嗯，看看你的周围。在世界各地，比你更胖、更秃顶、更易生皱纹、更高、更矮，或者比你更需要去看牙医的人，都快乐地与爱自己的人建立了关系。嗨，他们并不是一开始就看起来很完美的。

　　我有一个很有魅力的朋友，她曾经和一个男人在一起，当她开始发胖的时候，这个男人对着她不停地唠叨。他坚持要她少吃东西，或者去健身房。她觉得他和她在一起只是为了她的美貌，因为他可以拿她炫耀。世界上有很多肤浅的男人和女人，他们根据外表选择伴侣，却并不真正爱那个人的内在美。

　　但这不是你的问题。那些多余的脂肪、秃斑、坏牙会吓跑那些肤浅的人，他们可能因为你的外表而喜欢你，但是，当你变老或变胖时，他们会离开你。而现在，你不用担心了。他们会放过你的。

任何值得你拥有的人都会爱你本人，而不会介意你身体上的不完美（即便他们认为这是你的缺陷，也不会太介意）。你会因为一个人有点胖，或者戴着眼镜，或者有一个大鼻子而低估他（她）的魅力值吗？我希望你不会这样。那么，为什么有人会对你做这种事呢？事实上，这不仅仅是颜值的问题。财富和地位也是如此，贫穷、没汽车、租房子都是绝妙的滤网，筛掉那些只爱你的房子、汽车和钞票的人吧。

听着，如果你愿意，就去把你的牙齿补好。节食可以减掉多余的体重。你还可以植发。我不知道你们会怎么对待个子太高的问题。我有一个高个子的朋友告诉我，当她与比她矮的准男友结伴而行时，她常常选择走低洼的地面。我的观点是，如果能让你更快乐，你可以做任何你喜欢的改变，但这不会提高你找到好伴侣的可能性。如果那个完美的人就在某处，他（她）迟早会找到你的。

所以，你要自信，要知道你对那些足够关心你本人的人是有吸引力的，让他（她）痴迷的不仅仅是你挽着他们的胳膊的样子。当对方找到你的时候，你会觉得自己很性感、很特别，完全忘记了自己的缺点。

————

任何值得你拥有的人都会爱你本人。

法则
007

不要老犯同样的错误

这条法则貌似是显而易见的，但你会惊讶于有多少聪明的人一遍又一遍地犯同样的错。你会想，如果你的前任是来自地狱的噩梦，你现在会远离任何让你想起他（她）的人。但在潜意识里，你可能会直奔你前任的翻版。

我认识一个男人，他对那些善妒和缺乏安全感的女人有着莫名的吸引力。他告诉我，他潜意识中的某个部分能在一百步外认出那样的女人。他一开始并没有意识到这一点，可一旦他开始谈恋爱，他就会踩同样的坑，他又找了个这样的女人——她一直想知道他在哪里，他和谁在一起。显然，他的母亲也是长期缺乏安全感的善妒之人，但我们现在不谈这个问题。不一定是善妒的伴侣，还可能是让你失望的伴侣、不忠的伴侣、过度依赖的伴侣、已婚的伴侣，应有尽有。

我们在恋爱中都有一些固定的模式，但其中一些不是问题。如果你总是选择喜欢动物的人、喜欢户外活动的人，或者比你大

5岁的人，那应该没关系。除非你对猫毛过敏、有广场恐惧症或者你已经95岁高龄。但如果你总是追求一种行不通的类型，那么，你就需要停止这种鲁莽之举。

我知道这不容易。如果这个缺乏安全感（过度依赖、过度独立、不忠、冷漠）的人在其他层面都很棒，那么，决定结束这段关系可能真很难。嗯，这是你的选择。我想说的是，如果你知道这种类型的人在过去从来不曾有利于你，我可以保证他们在未来也不会对你有好处。你想留下来就留下吧，但如果事情变得很糟糕，可别说我没警告过你。我想不止我一个人持这样的态度，你的大多数朋友应该也这样警告过你。

当然，改变根深蒂固的行为是困难的。我不会假装这并不难。最重要的是，你要认清这种行为模式，然后试着弄清楚你是如何让自己落入俗套的。从某种意义上说，你是如何做到这一点的无关紧要，但实际上，有些东西是可以传承的，就像那个家伙，他有一个善妒的母亲，他可能是无意中按照他母亲的样子去寻找对象的。所以，如果你能知道你的行为来自哪里，可能会对你有帮助。

然后，你必须决定是否要让自己遭遇一连串失败的恋情，而这是包括你在内的每个人都可以预测到的，而且很可能已经预测到了。拒绝吗？不服吗？在这种情况下，你必须下定决心避免任何沿袭常规的恋情，而不是每次都试图欺骗自己说这段恋情不一样。对于一些人来说，一旦他们发现了问题所在，这就很容易了；但对另一些人来说，这很难。有时候，你必须做很多工作来建立自己的信心，如此才能打破常规。

然而，如果你在生活中想要的是一段快乐的、长期的、真正有效的、让你们俩都感觉很棒的亲密关系，那就没有别的办法了。我敢保证，不管你觉得打破俗套有多艰难，一切努力都是值得的。

———————

你必须决定是否要让自己遭遇一连串失败的恋情。

法则
008

有些人你不能纵情去爱

你会和你姐姐的男朋友谈恋爱吗？你会和一个脆弱的人开始一段短暂的恋情吗？你知道，这个人原本希望这是一段认真的亲密关系，而且他（她）可能会很受伤。你的底线在哪里？

作为爱的法则玩家，我们都有足够的诚信，知道某些人是你不能纵情去爱的。即使你真的爱上了他（她），你也要保持沉默，克服自己的冲动，即使这需要很多年的时间。

那么，你的底线在哪里呢？我想你已经知道答案了。在内心深处，你知道你是否感到内疚，并不得不找借口来为你所做的事情辩护：他们的感情无论如何都已经破裂了；他（她）不是我最好的伴侣；在爱情和战争中一切都是公平的。是的，在内心深处，你很清楚谁是你不能纵情去爱的人。

当然，我们并没有在完全相同的地方设定界限。如果你非常虔诚，你可能会认为任何来自不同宗教背景的人都是你不能与之谈恋爱的对象。也许你认为，如果一对情侣的关系破裂，你和其中一个交往是可以的，但是，你要考虑的是，如果另一个是你的好朋友，你就不能那样做。我不知道你的底线在哪里，但你自己知道。

如果你有任何疑问，那就问问你自己，如果你认识的人做了同样的事情，你会怎么想。

如果你想玩弄感情，我希望你能忍住。如果你对这个越界之人的感情很深，那就难了，而且要难一阵子了。但我可以告诉你一件事：你陷得越深，攻克难关的时间就越长。所以，绝不要开始一段孽缘。你可能会毁掉更多人的生活。

至少，你可以昂首挺胸，知道你的行为是正直的。很有可能，迟早会有另一个人出现，他（她）不是你不能碰的人，你可以光明正大地爱他（她），而没有负罪感。这是值得等待的。

———————

我不知道你的底线在哪里，但你自己知道。

法则
009

你不能根据自己的要求去改变别人

假设你天生爱整洁——我是说非常整洁——不能忍受把要洗的东西留到以后再洗，总是把用过的东西立即放好。而你的伴侣喜欢把他（她）的东西到处乱放，场面越杂乱，他（她）就越舒服。为了让他（她）开心，你会变成一个邋遢的人吗？那你为什么期望他（她）变得整洁呢？

如果你并不爱整洁，你可能会好奇问题出在哪里；但如果你是天生爱整洁的人，你可能会认为这是一场斗争，是一个不合理的要求。你是对的。

事实是，你不能要求人们改变，即使他们想改变，他们也做不到。当然，他们可以改变自己的行为，但他们无法改变自己的个性。你可能会说服你邋遢的伴侣把浴室毛巾挂起来，而不是扔在地板上，但我敢打赌，他（她）会把毛巾挂歪，这仍然会让你发疯。那是因为你不能把他（她）变成一个整洁的人，充其量也只是个会挂毛巾的邋遢的人。与此同时，厨房会变成垃圾场，汽车的地板会令人作呕（在你看来是这样，对方可不这么认为）。

这不仅仅是一个凌乱或整洁的问题。你无法阻止某人不负责任，或者成为足球迷、工作狂，或者变得害羞，或者容易紧张。

所以，如果你不能忍受这些特点，就不要跟那个人谈恋爱。无论你做什么，不要在开始一段恋情时存侥幸心理："我无法适应他（她）的这一点个性，但没关系，我会改变他（她）的。"你知道，你改变不了他（她）的。你只会让你们俩都痛苦不堪。

我知道，人无完人。陷入一段恋情的双方（包括你自己）都会有让人恼火的时候，但你要找的是一个值得你去忍受其恼人习惯的人，而不是你可以根据你自己的个人要求去塑造其个性的人。

需要注意的是，这也适用于那些可能让你非常不开心的大事。如果你遇到一个完美的人，但他情绪孤僻、有虐待倾向或出轨成性，那你也改变不了他（她）的臭毛病。请别自欺欺人了。在最初的几个月或几年里，他（她）可能会控制自己的行为，但迟早，当欣快感渐渐消退，正常生活的压力回归时，他（她）就会回到原来的生活方式。别说我没警告过你！

———————

陷入一段恋情的双方（包括你自己）
都会有让人恼火的时候。

法则
010

恋爱和性爱不能画等号

美妙的性爱是好事一桩。如果在一开始就没有性吸引力，这段恋情就不会有太大的发展机会。但最好的爱情关系会持续一生，而你的性欲可能不会维持一辈子。如果你们的亲密关系仅仅建立在性的基础上，那么，一旦你不得不处理孩子、缺钱、父母年迈、事业难题以及生活迟早会抛给你的其他一切问题时，你就会陷入困境。

我把这条法则列入"寻爱法则"这一章，因为当你在寻找爱情的时候，记住这一点非常重要。不要把强烈的性欲误认为是真爱。你会认为，因为性爱是美好的，所以，你们的爱情也一定是美好的。你知道那些认识几个星期就闪婚的人吗？他们中的一些人做对了，但大多数人都是被身体上的吸引力诱惑，看不清楚他们有没有具备"执子之手，与子偕老"的感情基础。他们通常是不具备这种感情基础的。

我有一个朋友，他总是在寻找完美的性伴侣。这并不是说他有什么特别奇怪的要求（据我所知），只是性是他选择伴侣的首要考虑条件。因此，他的性生活很好，但他不明白为什么他从来没有一段持久的恋情。我并不是说性爱不应该出现在其中，但这不是爱情关系的意义所在，他把那些对他真正渴望的爱情并不重要的事情放在首位，这让他自己很为难。

如果你很闲，只是随便玩玩，你就会轻易相信，强烈的性吸引力或美好的性生活其实不止这些。你很容易自欺欺人地认为这段关系中还有更多的东西。如果你这么说，我相信还有更多，但多少才算够呢？真的多到足够让你们同甘共苦吗？多到能让你们共同面对疾病、忧虑和我们所有人在生活中都会遇到的悲剧吗？如果你不确定，那就继续享受这段关系的身体吸引力，但不要承诺自己的一生，直到性欲消退，你可以清楚地看到剩下的东西有多么少。

————

不要把强烈的性欲误认为是真爱。

法则
011

先考察对方一年，再做大决定

这条法则很好地延续了上一条法则，不过，性爱不是不急着结婚的唯一理由。

我们都相当谨慎地向对方展示自己。在一段新的感情中，我们会尽最大努力把最积极的东西呈现给我们的新伴侣。你会这样，我会这样，每个人都会这样。了解一个人是需要时间的，日子久了，对方也会对你产生足够的信心，从而放松警惕。

当然，如果这个人真的像你希望的那样好，那么，日后揭露出来的事情就不是问题了。我有一个朋友，她的伴侣有严重抑郁症的倾向。几个月后，他才鼓起勇气向她坦白，因为他们相遇时他并没有经历抑郁期。他是个很棒的家伙，她非常乐意接受这一点，并帮他渡过难关。但如果是其他的女人，可能会有不同的反应。例如，如果她自己也抑郁，问题可能就大得多了。

关键是，你暂时不会发现你的新伴侣是否自私、控制欲强、对你的朋友粗鲁、讨厌你喜欢的大部分东西、对你的烦恼漠不关心，或者（更糟的是）酗酒、虐待（正如我们在法则009中看到的那样，这些坏毛病真的改不掉）。有些事情值得忍受，有些则不值得，但是，在搞清楚你面对的是什么问题之前，你不能做出决定。

在决定同居、结婚、生孩子、移民或做出其他重大决定之前，让对方等待一年的时间是完全合理的。如果你的新伴侣在几个月后就开始给你施加压力，那就向他（她）告知你的原则是：在做任何重大决定之前，你要了解他（她）一年四季的表现。我知道，有些人会对三四年后仍然不愿承诺的伴侣感到沮丧，但这是不一样的。要求12个月的喘息空间是完全合理和明智的，你完全有权温和地坚持这一点。

如果这个人真的是适合你的伴侣，那么，等待12个月来决定你的未来是非常值得的。毕竟，与一生相比，一年算什么？急什么呢？为什么不放松一下，赶在现实生活的压力把你压得喘不过气来之前找点乐子呢？

如果这个人真的是适合你的伴侣，

那么，等待12个月来决定你的未来是非常值得的。

法则
012

不要和不在乎你的人在一起

　　有些人非常擅长做别人的伴侣，而有些人则不称职。后者一旦了解了你一年中的表现，他们就会把你视为理所当然的存在。他们甚至已经注意到你不再是那个快乐的自己，但他们却不抽出时间去处理你的问题。他们不会再给你送花，[⊖]不会再建议你去参加一个浪漫的晚会，也不会在你生日的时候宠着你。简而言之，他们就是不够关心你。

　　通常，这样做的人只是彻头彻尾的以自我为中心。一旦他们认为这段感情是安稳的，就不会再关心你，转而重新重视他们自己。他们可能仍然希望你会照顾他们，在他们谈论自己的问题或释放一天的压力时，你能做个忠实的听众，但他们不愿意回报你的关心。

　　可悲的是，这些人不太可能改变，至少对你来说不会。也许

　　⊖　不，我不是性别歧视，参见法则061。

有一天，他们被一个很特别的人甩了，这将再次唤醒他们的情感。我希望如此。但也许甩他们的人就是你。事实是，如果他们不够关心你，他们就不会让你感觉自己很特别。这是不对的，也是不公平的。

你想要一个让你感觉自己很特别的伴侣，因为你真的很特别。你希望你的伴侣不会对你敷衍了事，而是真心想要挽留你。这就是问题的关键。如果你的伴侣真的在乎你，他（她）会表达得很清楚。如果在内心深处，他（她）把自己放在第一位，认为你是理所当然的存在，情况是不会改善的。你应该得到更好的，去找一个真正想让你快乐的人吧！

如果你的伴侣在一段恋情开始的时候都不关心你，你还跟他（她）待在一起，那你就会跌入谷底。别以为搬到一起同居或者结婚什么的就能让一切变好，因为，我现在可以告诉你，这只会让一切变得更糟。在你考虑对他（她）做出重大承诺之前，你需要真正地解决这个问题。祝你好运！如果你决定给他（她）最后一次机会，在做出承诺之前，你要先花很长时间确定他（她）真的已经改变了。

冥冥之中，总会有那么一个人会全心全意地照顾你。不要让自己浪费在一个不喜欢你的人身上。否则，多年之后，你的自信和自尊就会丧失殆尽，你会变得不开心。所以，何苦为难自己呢？等待更好的人出现吧。

你想要一个让你感觉自己很特别的伴侣，
因为你真的很特别。

法则
013

信任是恋爱的基础

伴侣之间的信任是绝对必要的。无论你们是在谈论忠诚、承诺、量入为出的适度消费观，还是其他任何事情，这都没问题。如果你不能信任你的伴侣，你永远不会快乐。

当然，你不能信任某人的原因有很多。也许他（她）有一些不值得信任的前科记录；也许你只是有一点预感；也许他（她）在一些小事上没有说实话，你想知道他（她）还有什么事情没有完全坦白；也许他（她）只是有点狡猾（虽然在这种情况下，我不确定你为什么要和这个人在一起，但我恭敬地建议你马上离开）。没关系，你只需要能够信任他（她）。

话又说回来，也许问题出在你的身上。也许你过去曾被骗过，你现在无法信任别人。那恐怕你还不曾拥有且永远不会邂逅一份感情，除非你学会信任别人。我知道这很难，尤其是你过去的怀疑是有根据的，但这也是为什么你现在值得拥有一段美好的爱情。除非你能处理好信任问题，否则你是不会进入一段恋情的。

你对你的伴侣是什么感觉？他（她）的行为无可挑剔，他（她）没有做错任何事，他（她）尽可能地诚实，但你仍然不信任他（她）。那可能会导致一段关系破裂。不管他（她）对你的"信任危机"（这是极坏的心理学术语〇）有多同情，最终他（她）还是会被你的质疑碾压，觉得你就是不爱他（她）。

无论你过去是多么有道理，让你的新伴侣为别人的错误付出代价是不公平的。在内心深处，我认为你知道是你还是他（她）导致了你的不信任，你需要诚实地面对自己。

所以，如果你的伴侣对你不忠，或者对你遮遮掩掩，让你无法分辨，那就和他（她）摊牌。如果你不能让他（她）更诚实，那就趁早离开。如果问题出在你身上，那就想办法解决问题。我见过一些人抛弃了很好的恋情，因为没有解决自己无法信任的问题而给自己造成了巨大的伤害。如果你还在寻找你的真正伴侣，最好在见面之前尽快理清头绪。我不希望你因为过去有人愚蠢地背叛了你而毁了你未来的爱情。

也许你过去曾被骗过，你现在无法信任别人。

〇　但没关系，因为这个术语具有转折意味。

法则
014

要诚实对待你的伴侣（趁你还有机会）

在生活中，我们都有一些不是特别自豪的事情，或者我们不喜欢回忆的事情。也许我们甚至为自己的所作所为和过去的自己感到羞愧。如果你的人生是一本书，你的不良回忆是其中的一章，那就跳过那一章。

当你遇到一个新的心仪之人时，你不会马上想要坦白所有你宁愿忘记的一些过往，这并不奇怪。很好，你还不需要马上坦白。但如果你要和这个人在一起，他（她）迟早需要知道你那段不愉快的时期，比如你和警察闹了点小麻烦。

显然，你可以把一些小事情掩盖起来。比如，你8岁时在数学考试中作弊；或者，你去看了10次"英国辣妹组合"的现场演唱会。但困扰你的不是那些小事，而是你不想让他（她）知道的大事，对吧？

但你必须让他（她）知情。是在第一次约会时就把一切都告诉他（她），还是等到认识几个月后再告诉他（她），这取决于你自己。但迟早，事情都会曝光的。如果他（她）足够爱你，就会没事的；如果他（她）不够爱你，这就是你检验真爱的好方法。

如果你等了太久才告诉他（她），他（她）自然会因为你一直瞒着他而感到沮丧和受伤。所以，告诉他（她）的最佳时机是将来发现真相比现在发现真相更糟糕的时候。

从现在到你最终告诉他（她）之前的这段时间里，最重要的是不要对他（她）撒谎。如果你对你父亲酗酒的事实保持沉默，不要撒谎说你父亲已不在人世。如果你现在误导他（她），当他（她）发现你骗了他（她）时，他（她）就不会再相信你了。

在一段关系刚开始的时候，避开这些棘手的话题可能是明智之举。毕竟，如果你们无法有情人终成眷属，至少当你们分手时，他（她）不会带走你所有的秘密。所以，在你准备好告诉他（她）之前，避开这个话题，但要确保每一步都不是在撒谎，因为那将是一个非常深的坑，你要自己跳出来。

最重要的是不要对他（她）撒谎。

法则
015

不要耍小聪明

有时，你会不受控制地想耍小聪明！比如，你会想"我就等着看他多久才会打电话来"，或者"我会告诉她我妈妈的手术让我很难过，看看她到底会不会来看我妈妈"。

听着，如果你想跟他说话，就给他打电话；如果你想让她来看你的妈妈，就直接问她是否愿意。耍小聪明是一种危险的做法，很容易适得其反。你想开始一段恋情，唯一的原因应该是你想要跟那个人长相厮守，如果你不想多年来一直耍小聪明，那就永远不要使用这种手段。

记住，如果你可以对他（她）耍小聪明，他（她）也可以这样对你。这是你想要的吗？无论你多么天真和善意地说服自己，耍小聪明都是一种操纵形式。我们不会操纵我们爱的人，我们只是让他们诚实地知道我们的感受是什么，以及什么对我们来说很重要。操纵他人是自认为高人一等的、企图控制他人的行为，是完全不被接受的。

一般来说，如果我们的伴侣没有按照我们希望的那样行事，我们会倾向于耍点小花招。有时这是一种考验，"我要看看她要多久才能记住我的生日"；或者，更严重一点，"我不会让他知道我在这里，我要看看他是否试图和其他女人搭讪"。

　　不要再执迷不悟了。快停下。这是行不通的。如果你想确保她记得你的生日，就告诉她今天是你的生日。如果你真的认为他会跟别的女人搭讪，回头再读法则013。如果他（她）发现你在耍小聪明，你就会有大麻烦，理当如此。如果他（她）这样对你，你会怎么想？

　　你会被逮个正着，这是迟早的事。即使对方无法证明你在耍他（她），他（她）也会知道你没有对他（她）说实话。然后，你们又回到了信任的问题上，你必须让他（她）信任你，而耍小聪明会产生相反的效果。

　　我有一个朋友，她多年来一直很"酷"，和各种各样的男人耍花招。最后，她嫁给了一个她觉得没必要花心思去耍的男人。这根本没有必要，因为整件事从一开始就是对的。

　　如果你的伴侣忘记了你的生日，你感到很伤心，那就提前几天给他（她）一个合理的警告，看看他（她）会怎么做。我知道，你不想和一个不在乎你的人在一起，这也是对的，但是，有些人就是心不在焉，所以，你必须给他（她）一个表现的机会。同样，如果你能解释清楚你的父母对你有多重要以及为什么重要，你的伴侣可能会很高兴见到你的父母。所以，不要操纵你的伴侣。只要让他（她）坐下来，向他（她）解释，也许他（她）还没有准备好见你的父母，但你希望他（她）重新考虑一下。这个方法更成熟（更正确），并将为你们接下来的亲密关系建立一个更好的基础。

———————

你想开始一段恋情，唯一的原因应该
是你想要跟那个人长相厮守。

法则
016

不要把新欢当旧爱

我们大多数人都有某种过去。甚至在很早的时候，最纯真的恋爱就给我们留下了某种罗曼史，而这很容易成为下一段恋情的绊脚石。

我们倾向于假设未来的情况与过去大致相同，除非你有充分的理由不这么想。如果你的头发以前很整齐，今天你想保持美好的发型，那就再好好梳一次。如果你上次吃香蕉时觉得香蕉好吃，下次你可能还想吃香蕉。如果你一直对数字很在行，那么，这份需要精通数字的工作应该不会有太大的挑战。如果你的前任背叛了你，你的下一任也会背叛你。

稍等一下！按下倒回键，去掉最后一个例子。是的，生活中的很多事情每次都遵循大致相同的原则，但不要伤及无辜的伴侣。所有其他的例子都是关于你的。但你的每一个伴侣是不同的人。如果你的上一个伴侣背叛了你，他（她）很可能也会背叛他（她）的下一个伴侣，但这不再是你的问题了。然而，你的新伴侣是无辜的，没有任何证据表明他（她）与你的上一个伴侣有任何相似之处。事实上，如果你真的认为他（她）也一样，那么，你是不是从一开始就不该跟他（她）谈恋爱呢？

当然，背叛爱人只是一个相当极端的例子。我认识一些人，他们纯粹根据上一个伴侣的行为做出各种假设。我认识一位女士，如果她的伴侣回家后不给她沏杯茶，她就会认为他在生闷气，因为她的上一个伴侣可能会因此生闷气。事实上，这位伴侣是打算去换身衣服，洗个澡，然后烧壶水。我还认识一个人，如果他的妻子在他上床的时候背对着他，他就会很生气，理由是这一定意味着"别碰我"。事实上，她只是觉得左侧侧卧更舒服。

和许多法则一样，你需要扭转这种情况，想一想，如果你的伴侣用一些你可能素未谋面的他（她）的前任的标准来评判你，你会有什么感觉。如果一些无辜的举动或言论引起了争吵，只是因为这可能意味着你甚至不曾参与的另一段恋情中的其他事情，你会不会很沮丧？是的，非常沮丧。

因此，无论是大事还是小事，无论是金钱、性爱、情绪化、工作、秘密、谎言、浪漫或其他任何事情，如果你开始把现任和前任混为一谈，就可能会制造出各种各样的问题，而这些问题本来是不存在的。

生活中的很多事情每次都遵循大致相同的原则，
但不要伤及无辜的伴侣。

法则
017
—

看看你们有没有共同目标

　　我认识的两个朋友相爱了，结婚了，生子了。他们住在伦敦，而男方的工作需要经常去康沃尔郡，那里离伦敦有三四个小时的路程。几年后，他的工作发生了变化，他不得不花更多的时间在康沃尔郡逗留，所以他告诉他的妻子，他们可能是时候搬到那里定居了。原来这一直是他的长期计划，但他没有想到早点和她讨论这个问题。请注意，这显然是有道理的，而且她也从来没有对他说过她不考虑搬离伦敦。此时，夫妻谈判陷入僵局。

　　这个故事的寓意是，不要等到你们结婚了、有孩子了，才去谈论这些话题。我想，为了避免吓到你的新恋人，第一次约会时就询问他的生活计划，这才是明智之举。在你们对彼此做出任何认真的承诺之前，你们真的需要敲定这些大事。

　　当然，事情会发生变化。有些人在 20 岁的时候说他们一定要把一切都放在事业上，但到了 30 岁，他们可能会有不同的想法。

但是，如果在开始正式恋爱的时候，你没有和你的伴侣充分讨论人生大事，你们的关系可能会陷入真正的混乱，就像我提到的那对夫妻一样。

最大的问题可能是孩子，以及你们居住的地方。然后，你们还有其他的问题，比如，也许你们中的一个一直想早点退休去旅行，而另一个则害怕坐飞机，喜欢宅在家里，讨厌一次离开家超过一个星期。

我并不是说你应该让你的伴侣遵守你的整个人生计划。你不可能总是了解自己的感受，人们随时可能改变自己的想法。我有一个朋友，他从第一天起就向他的新女友明确表示自己永远不想要孩子。她带着巨大的悲伤同意了，因为她想要一个家庭。然而，几年后，她意外怀孕了，但他们失去了这个宝宝，这对他们俩都是毁灭性的打击。后来，他们自愿生了两个孩子，他现在是一位慈爱的父亲。

值得注意的是，结果并不总是令人愉快的。我还有一个朋友，她在 25 岁的时候和她的伴侣决定不要孩子。十年后，她非常强烈地感到她真的很想要孩子。然而，她的丈夫坚持说他们早已决定不要孩子，甚至不愿讨论这个问题。这是他们最终分道扬镳的众多原因之一，但她直到四十出头才离婚，而那时，她已经不适合生孩子了。

只是要确保你先要对某人的生活方式、对生育孩子的态度（以及如何抚养孩子的问题）、住在哪里、旅行要多少钱、多少钱够花，以及所有那些现在看起来很遥远但从长远来看可能会成就或破坏你们关系的事情有个大致的了解，然后再考虑要不要跟他

（她）发展一辈子的亲密关系。你们要做好心理准备，虽然说你们中的一个以后可能会改变主意，而另一个可能不会改变想法，但这都是后话。

———

在你们对彼此做出任何认真的承诺之前，
你们真的需要敲定这些大事。

|

创造双方都想要的权力平衡

美好的亲密关系应该是平等的。当然，你们都有各自的优势，有时你们中的一个会照顾另一个，有时你们的角色会互换。

然而，在某些关系中，出于某种原因，双方的权力并不平衡。有时其中的一方控制欲很强，但通常情况下比这更微妙。也许其中一个喜欢被照顾，而另一个则乐于承担起"保护神"的角色；或者，其中一个通常是不负责任的，而另一个则充当家长的角色。

所有这些不平衡的问题几乎总是形成于这段关系的早期阶段，所以这个阶段是你要警惕的时候。如果不平衡关系已经建立，那么以后再改变几乎是不可能的。我不是说这是永远不可能改变的，但很有可能现在的任何不平衡导致的后遗症都不太可能得到解决。如果双方都有足够的诚意，一些根深蒂固的行为可以在以后慢慢改观，但权力平衡是一件很难改变的事情，尤其是因为掌握权力的一方并不想放弃权力。

我不想吓唬你。很多关系根本不存在权力问题。但在那些有问题的关系中，这些权力问题通常很早就出现了，但会以一种隐晦的方式呈现，直到为时已晚。我认识一个女人，她最后陷入了一段糟糕的关系，她的伴侣对她的控制欲甚至到了虐待的地步。在这段关系开始时，她被他迷得神魂颠倒，以至于她让自己忽略了这些警告信号。当然，这些信号一直存在，比如，他总是想知道她去了哪里、和谁在一起或者在给谁打电话。她告诉自己那是因为他在乎她。她花了十年时间才从这段关系中走出来，之后的很多年，她在情感上一直伤痕累累。

我并不是建议你一遇到问你上次见面后干了什么的新伴侣就要分手，但也不要让爱蒙蔽了你的双眼，让你看不到隐藏在深处的那些小瑕疵。

我还有一个朋友，她在人生低谷时遇到了她的伴侣。他把她放在他的羽翼之下，细心照料她……这成了一种模式。几年后，他把她照顾得很好，使她能够自主自立。只是他不让她独立自主，因为他已经养成了照顾她、告诉她什么对她有利的习惯。原本让她感到安心的事情变得令人窒息，最终她离开了他。

这条法则的积极之处在于，如果你听从你头脑中警告的声音，就可以从一开始避免建立不健康的权力关系。如果你的新伴侣天生控制欲强，你可能会把他赶走，这是一件好事。然而，如果你的新伴侣值得拥有，他会理解你并和你一起努力，那就努力发展一段健康平等的爱情关系。

权力平衡是一件很难改变的事情。

法则
019

你不能强迫别人爱你

当涉及感情问题时，这可能是最难接受的事情之一。你找到了你一生都在寻找的人。问题是，对方似乎没有意识到这一点。

也许你们最近见过面，你为他（她）神魂颠倒，但他（她）似乎并不热衷于你与他（她）的感情。你拼命地坚持着，确信他（她）很快就会意识到你们是天生一对。或者，也许你们已经做夫妻很多年了，毕竟他（她）也挺喜欢你，和你在一起很轻松，但他（她）内心深处并不真的爱你。

也许，迟早他（她）会向你坦白他（她）并不爱你，但你不想听。你试图说服他（她）再给你一次机会。也许你试图改变自己，成为他（她）真正想要的样子。这样做真的有点丢脸，但你不会这么认为。你认为赢得他（她）的爱是值得的。

但有趣的是，这种方法从来都不起作用。爱情不是这样的。你可以越过重重障碍，并为没有达到他（她）的标准而自责（正如你所看到的），你在这个过程中破坏了自己的自信和自尊，但他

（她）仍然不会爱你。他（她）无法爱上你！也许他（她）很温和，对你很抱歉，或者他（她）很不友好，甚至对你很残忍。

同样的场景也在世界各地的恋爱关系中在上演——两个人中只有一个真正坠入爱河。想想你认识的一些夫妻，我敢打赌你能想出这样的例子。

我知道，有些人经历过这种情况，他们花了数月或数年才意识到自己苦苦追寻的爱情毫无希望。此后，他们终于找到了双向奔赴的爱情。有趣的是，我认识的每一个经历过"爱而不得"之痛的人都说同样的话："谢天谢地，上一段孽缘终于结束了，当下的这段感情实在太美好了。"

你看，无论你爱的对象多么美妙，如果他（她）不爱你，你们的关系永远不会那么好。假设他（她）会爱你，但如果你需要不断地越过重重障碍去留住他（她），那就不值得了。你需要也值得有人爱真正的你，而不是经过伪装或改造的你。所以，一旦你意识到你和一个不爱你的人在一起，你就需要在对方提出分手之前勇敢地结束这段关系。你会为失去心爱的人而感到难过，但保持自尊是件好事，有一天蓦然回首，你会意识到这是一个多么勇敢和正确的决定。

也许你试图改变自己，成为他（她）真正想要的样子。

法则
020

适时残忍反而成就你的善良

法则 019 讲述的是当你爱的人并不爱你的时候你该怎么做。现在我们换个角度，假设你就是无法爱上与你恋爱之人。当然，你也挺喜欢他（她），你喜欢他（她）的陪伴，他（她）逗你笑，他（她）在你难过的时候做你的倾听者，或者他（她）和你有共同的兴趣。如果没有这么多值得喜欢的东西，你就不会和他（她）在一起。但你知道，你永远不会像他（她）爱你那样爱他（她）。

你当然会感到难过，因为你是个有爱心的人。你希望自己能爱上他（她），你不想伤害他（她）。也许你会很乐意继续和他（她）在一起。我的意思是，如果当下没有其他人可约，而你们想去同样的地方约会，也许你也会想念他（她）的家人和朋友……是的，和他（她）在一起会让你轻松下来，至少现在是这样。

但这并不是问题的答案。如果你遵守爱的法则，就不会这样凑合。你和这个人在一起的时间越长，他（她）要克服的障碍就越多（试图让你爱上他（她）），当你最终离开他（她）的时候，他（她）受到的伤害就越多（你最终会离开他（她）），他（她）浪费在错的人（你）身上的时间也就越多。

不要这样做。适时残忍反而成就你的善良，你得狠下心，现在就结束这一切。我知道这很难。如果你在乎这个人，伤害他（她）会让你觉得很可怕，那你要提醒自己，如果你越晚离开他（她），他（她）受的伤害就越大。他（她）应该自由地去找一个能爱他（她）的人。

我还要告诉你一件事。如果你不是真的爱这个人，那你迟早会找到一个让你神魂颠倒的爱人。假设那个人明天或下周走进你的生活，你怎么办？

这个问题没有真正令人满意的答案。你可能会进入一段新的恋情，并且真的会伤害你现在的伴侣。或者，你可能非常正直，拒绝新的爱情，但这对你和你的神秘新恋人来说都是困难的，而且可能是毁灭性的。唯一有效的解决办法就是，当你的新恋人出现的时候，你已经是自由的单身人士了。要做到这一点，你需要跟你现在的伴侣提出分手。

看到了吗？对每个人来说，最好的做法就是稍微残忍一点，这样做可以让每个人都自由地过自己的生活，如此，你的前任会让自己变得更好。他（她）当时可能不喜欢或不欣赏你的做法，但总有一天，如果他（她）有理智的话，当他（她）回首往事时，他（她）会私下感谢你。

——————

让每个人都自由地过自己的生活。

第二章

恋爱法则

　　在一段新恋情的最初几个星期、几个月甚至几年里，一切都可以轻松愉快。但现实的生活迟早会到来，两个人的关系也会受到考验。从现在开始，虽然一段关系仍然有可能变得更好，但确实需要一些努力来实现。你需要努力，或者至少确保你不会让这段感情遭受某种善意的忽视。许多感情的光芒褪去都是偶然的。但好消息是，你可以在现有的基础上加以修正。本章讲述的是如何充分发挥彼此的优势，让这段关系变得更加牢固、深厚、快乐。

　　以下几条法则是我观察的那些拥有美好爱情的人（包括我自己）的经验之谈。我的结论是，有些方法比其他方法更容易遵循，如果你坚持下去，回报将是巨大的。如果你已经爱上了一个能让你快乐的人（参见法则001~020），你已经为幸福的爱情生活奠定了基础。你现在要做的就是确保你们的感情不会脱轨。本章的法则会让你保持正确的方向。

　　本章的法则是基于一个假设条件总结出来的：虽然你的伴侣并不完美（谁完美呢），但他（她）也不是完全无用。如果你爱上了一个现在不在乎你且永远也不会在乎你的人，即使这些法则可以继续维持你们的亲密关系，也不会让你快乐。我不希望你过那样的生活，所以要有效地使用这些法则，你必须找到一个希望你快乐的人，他（她）至少准备在实现这一目标的过程中与你达成妥协。如果你们都以同样的态度对待这件事，你们就会一起过上悠长而幸福的日子。

做个有教养的知心爱人

试想一下，你已经度过了漫长而疲惫的一天。事实上，你这一周都过得很艰难。你回家后暴躁易怒，需要找个人发泄。谁来当你的出气筒？当然是你的伴侣。他（她）会随时待命，你想厉声说话也就不足为奇了。那么，他（她）期待的是什么呢？

他（她）可能期望你会善待他（她）。如果在你进门的时候站在你面前的是你的一个朋友，那么你会下意识地对他彬彬有礼。为什么你对你的伴侣就不能如此呢？毕竟，他对你来说应该是世界上最重要的人，为什么他得不到你最好的礼遇呢？

你把你的伴侣当作一块方便的海绵来吸收你的一切焦虑，你自然会轻易发泄愤怒。但这并不意味着你这样做是对的。我认识很多夫妻，他们经常对彼此大发雷霆，甚至粗鲁无礼，不是因为任何一方做错了什么，只是因为他们懒得对彼此友好。注意，这样的人不会拥有幸福的爱情和令人羡慕的亲密关系。

遵守一点传统的礼仪有什么不好呢？"请""谢谢""你介意

吗"都去哪儿了？如果你真的想积极对待你们的关系，就需要从礼貌和尊重对方开始。记住你的基本礼仪，以尊重和友好的态度与你的爱人交谈。为他（她）准备他（她）最喜欢的饮料，或者送给他（她）一份小礼物，没有任何理由，只因为你爱他（她）。你要赞美他（她），帮助他（她）做一些平凡的小事，即使这些都不是你的"工作"也无妨，比如搭架子、熨衣服或从车里取东西。

如果你的伴侣劳累了一天回到家，不要给他（她）发泄怒气的机会。给他（她）倒杯酒，问问他（她）过得怎么样，听听他（她）说些什么。你要保持兴趣。也许你可以找一些让他（她）放松的小任务："这样吧，你坐下来休息，我来做晚饭（遛狗或让孩子们做作业）。"你也可以让他（她）洗个热水澡（还可以加点让身体舒爽的护理油，或者点几根蜡烛），通常这样会让他（她）觉得有人在关心他（她）。因为你真的在乎他（她）。

如果你们有孩子，你还能给孩子们树立什么更好的榜样呢？无论如何，想想你给你的伴侣树立了一个好榜样。你是在要求他（她）以同样的方式对待你，所以你最好做得好一点。但这不是你对他（她）好的原因。你对他（她）好不是为了让他（她）对你好。你对他（她）好是因为你爱他（她），这是他（她）应得的待遇。

遵守一点传统的礼仪有什么不好呢？

法则
022

在一起是因为你想要，而不是你需要

你和你的伴侣在做什么？我不是问你们当下在做什么。我是说你们为什么在一起？我希望的答案是你爱他（她），他（她）让你自我感觉良好。

不过，你并不需要他（她）。如果你的伴侣很好地完成了他（她）的工作——你也一样——没有他（她），你也能处理好。这并不是说你会选择这样做，但如果有必要，你可以这样做。在一段牢固的亲密关系中，伴侣不会培养依赖感，而是鼓励彼此独立。如果你的伴侣爱的是真实的你，他（她）不会试图把你变成其他任何人，而是会帮助你更强大、更自信、更有安全感、更有自尊。

这意味着你比以往任何时候都更有能力独自生存。当然，这在经济上可能会更困难（也可能不困难），工作负荷可能会更重（也可能不重）。但你能应付，因为你是一个有安全感且相当自信的人。你不需要担心你会在经济上、情感上或任何其他方面崩溃。你不依赖你的伴侣来获得情感上的幸福，因为他（她）已经向你展示了你是一个坚强且独立的人。

所有这些都意味着你不依赖你的伴侣，你可以随时离开，没关系的。你不需要他（她）让你感觉良好，或者给你经济上的保障，也不用担心没别人来爱你。

那你为什么还要和他（她）在一起？因为你想要和他（她）在一起。就是这样，没有别的原因了。这不是很神奇吗？你不必非得在他（她）身边，你只是选择陪伴他（她）。

这些年来，我对丧亲之痛有了一些了解。是的，我知道你不想走到那一步，但如果你们两个在一起，你们中的一个很可能会经历这一切。我不是专家，但我发现那些爱自己伴侣但不依赖伴侣的人只是想要和他们的伴侣在一起。相较那些在某种程度上依赖伴侣的人，或者那些与伴侣纠缠不清且一旦伴侣离开就不知道何去何从的人，那些想要伴侣但不依赖伴侣的人更容易高效地应对困境。

我知道这很难想象，但是，如果你的伴侣突然不在了，你会怎么办呢？你知道何去何从吗？你会相信自己能克服巨大的悲伤吗？考虑到你们中的一个最终可能会处于这种境地，你能给对方更好的礼物，就是独自应对困难的信心和独立性。即使在你处于最黑暗的时刻，你也知道你不依赖你的伴侣。你只是想要与他（她）在一起而已。

那你为什么还要和他（她）在一起？
因为你想要和他（她）在一起。

法则
023

给你的伴侣一些做自己的空间

通常，一对夫妻在一起几个月或几年之后就能稳定下来，形成一种"夫妻性格"，这种性格比各部分的总和更强大。你们一起做事，一起社交，一起寻找共同的兴趣爱好。

这一切都是非常甜蜜的。但你忽略了一个事实，即你们也是不同的人。无论你们初次相遇时有多少共同点，你的伴侣都有一些与你不同的兴趣爱好。也许你们是通过一个充满激情的爱好结识的，你们都想把大部分空闲时间花在游艇、遛狗或集邮上。但即便如此，你也可能想要专注于集邮的其他方面，[⊖]或者其他更小的兴趣。

你的伴侣需要一些时间以他（她）自己的方式做他（她）自己的事情，甚至是只靠他（她）自己。也许他（她）想在你不在场的情况下与最好的伙伴见面，或者找个机会把自己关在家里一个小时左右来读诗、缝纫或修理发动机，或者成为 20 世纪 30 年

⊖ 请不要询问关于集邮的其他方面。

代之前巴厘岛邮票的世界集邮专家。[○]你需要给他（她）时间和空间去做他（她）想单独做的事情，而不是变得刁蛮、嫉妒或吹毛求疵。

如果你们从来不曾离开彼此的陪伴，如今已合二为一、融为一体，你中有我，我中有你，那么，最终，你会忘记你最初爱上的那个人。这对你们的关系没有帮助，因为这会使你们的关系失去光芒、魔力，变得乏味。

我并不是要规定你们花多少时间陪伴彼此。事实上，我并不是在发号施令，我只是告诉你，如果你想在爱情中获得快乐，该怎么做才有效。有些夫妻很少分开，但仍然设法尊重彼此的空间。有些夫妻在没有对方在场的情况下很少社交。但对于大多数夫妻来说，更多的空间有助于关系的发展，也意味着你们有话可聊。

也许，你需要时不时地从你的伴侣那里得到一点空间；也许你需要很多空间。只要是在合理的范围之内，就没有问题。重要的是你要认识到，当他（她）想要自己做某事时，这不是对你的拒绝，只是对他（她）自己的肯定。这是他（她）沟通和保持快乐的方式。如果你不让你的爱人这样做，你就会失去他（她）。

所以，当你的伴侣希望你给他（她）一点空间时，不要吹毛求疵，不要刁蛮，不要嫉妒，不要孩子气。为他（她）感到高兴，也为自己感到高兴，因为这有利于你们的爱情保鲜。

你需要给他（她）时间和空间去做他（她）想单独做的事情，而不是变得刁蛮、嫉妒或吹毛求疵。

○ 干什么都行。

法则
024

看看自己的缺点，包容爱人的不完美

你的伴侣完美吗？反正我的伴侣不完美。[⊖]我敢打赌你的伴侣有很多缺点。他（她）打呼噜吗？他（她）是不修边幅、邋里邋遢，还是如神经质般爱干净？他（她）说话太多了吗？他（她）的厨艺很烂吗？还是说他（她）太懒，让他（她）翻个身去别的地方躺着比登天还难？他（她）是否总是在你说话的时候打断你，或者在工作上花太多时间？

这就是你的伴侣。他（她）总会有自己的缺点。我猜你只能忍受了。我懂，我懂。你试着和他（她）谈论这个问题，解释你已经忍他（她）很久了，让他（她）为此做点什么。也许他（她）已经尝试过了，但他（她）显然还不够努力；或者他（她）曾经努力改变了一段时间，现在又回到了老样子。不管你问谁，故事总是千篇一律。你从来都不缺可以抱怨的理由。

但是，请稍等一下。如果所有伴侣都这样，那就意味着你和

⊖　请不要告诉她。

我也一样。是的，没错，你和我以及我们的伴侣都有缺点。他们告诉我们所有那些让他们恼火的事情。我们会对此做些什么吗？我们当然不会，因为他们不讲道理，居然要求我们改变性格。如果他们不喜欢我们现在的样子，那就让他们憋住。他们和我们谈恋爱的时候就知道我们是什么样的人。

嗯，这必须是双向奔赴的。要么我们必须接受他们本来的样子，要么我们必须对自己所有的错误做点什么，即使我们个人并不认为自己有什么错。或者，更好的情况是两者兼而有之。我们需要树立一个榜样，方法是容忍他们的古怪性格和怪癖，并解决我们自己的怪癖。

这并不是说我们之间一定有什么问题。也许邋里邋遢是完全可以接受的，脾气暴躁是合理的，有时太过专注而不去倾听是可以理解的。但如果这让我们的伴侣陷入困境，那就不好了。我们希望他们快乐，所以我们需要尽最大努力淡化那些激怒他们的东西。当然，我们不能改变自己的性格，如果他们爱我们，那也不是他们想要的结果。但是，也许把毛巾挂起来，而不是扔在地板上，不会有什么坏处；或者，在他们明显心烦意乱的时候多花点精力去倾听；或者，更经常地出去购物；或者，有时我们还是少说话为妙。

我们的伴侣当然不完美，我们自己也不完美。我们不必设身处地来思考问题，因为我们已经身处其中了。也许我们需要的是多一点宽容，少一点挑三拣四。

––––––––––

我们的伴侣当然不完美，我们自己也不完美。

|

待人要诚实，做人要厚道

如果你按顺序阅读，你已经读过法则 021 了，所以你已经很有教养了。我敢保证你是个令人愉快的伴侣。那本条法则讲的是什么意思呢？对你来说，这是一条优秀的传统法则，教你成为你的伴侣可以引以为傲的那种人。不仅是你的伴侣，还有人世间的芸芸众生。

如果你想让你的伴侣无论何时和你一起出去都能昂首挺胸，为你感到骄傲，你需要确保自己的行为举止总是显得：

- 正直
- 诚实
- 富有同情心
- 体贴
- 善良

无论你面对的是难缠的同事还是街上的乞丐，是孩子学校的老师还是你的姻亲，你都需要确保你的行为举止总是无可挑剔。当然，有时候这样做很容易，但有时候这是一个真正的挑战。所以，本条法则出现在这里。如果你不这么做，你和你的伴侣的亲密关系就会受损。

你不应该期望你的伴侣为你掩饰，为你找借口，为你道歉。你和他（她）一起参加社交活动，然后你喝得烂醉如泥，这是不被接受的。让他（她）对你的老板撒谎，在你没有生病的时候假装你在生病，这是不对的。如果他（她）对你必须打交道的人粗鲁，那就不好了。你违反法律（即使是轻微的驾驶违规），然后期望你的伴侣为此感到高兴，这当然是不对的。

我认识一对夫妇，妻子受到所有邻居的爱戴，而丈夫却被避之唯恐不及。他干涉他人、冒犯他人、激怒他人，还专横跋扈。在丈夫惹怒了所有人之后，妻子只好尽力去照常生活。事实上，所有邻居都为她感到难过，因为他们也听到了那个男人对待她的方式，觉得她应该得到更好的待遇——但这不是重点。他不应该让她花半辈子的时间替他道歉（甚至让她每次出门都感到尴尬）。

没有人愿意和不得体、不友善、粗鲁或粗心大意的人打交道。当然，你不应该让你爱的人承受这种负担，因为他（她）的自尊心会受到伤害。

所以，为了你的伴侣，为了你自己，也为了全世界，你应该待人诚实、为人正直，遵守道德和伦理准则。当然，有些情况很严峻，并不是每个人都会认同你采取的做法。但是，如果你做这样的决定之前经过了漫长而艰难的思考，并且是因为你认为这样做正确而不是因为这样做容易，那么，你就没有什么可责备自己的了。

———————

当然，有时候这样做很容易，
但有时候这是一个真正的挑战。

法则
026

把对方放在第一位

我认识一对夫妇，他们决定抓住机会建一座他们自己的房子，并且由丈夫负责这项工作。在这个过程中，妻子感觉（出于完全正当的理由，我就不细说了）自己根本不确定是否想在房子建成后住进去。另一方面，丈夫已经为此付出了巨大的努力，不想白白浪费新建的房子。

在这一点上，很多夫妻可能会闹得很不愉快。但这两位不会。他们的方法是什么？他说，如果她真的不想住在那里，他们就不住了。与此同时，她认为既然他付出了这么多的努力，她至少要在那里住一年左右，然后，如果她真的不喜欢，他们可以卖掉房子。这就是他们相互妥协的做法：他们先尝试在里面住一段时间，然后，他们根据她的体验结果重新考虑要不要继续住下去。

他们之所以能达成这一完全友好的协议，完全是因为他们都把对方放在第一位。为了做到这一点，他们必须真正倾听对方，并考虑对方的观点。然后，他们都必须希望对方比自己更快乐。

换句话说，如果他（她）的伴侣不开心，那么他（她）自己也不会开心。

对于建立一段美好且强大的感情，这是绝对必要的。在我所见过的任何一段真正幸福的亲密关系中，夫妻双方都是这样做的。你必须把伴侣的幸福放在自己的幸福之前，你必须无私，否则你们就会争吵并陷入僵局。

如果你选对了伴侣，他（她）也会做同样的事情。这就是本条法则奏效的原因。你可以忽略自己的需求，因为你的伴侣会优先考虑你的需求。他（她）会把你放在第一位，这样你就不用担心自己的需求了。

如果一方这样做，而另一方不这样做，那么，这段关系最终注定要失败。也许你们会在一起，但你们不会幸福，至少你们中有一个不会幸福。即使是占上风的一方也会错过一段更好的亲密关系，即夫妻双方都快乐的亲密关系。如果你们都不把对方放在第一位，你们可能会经常吵架，或者渐行渐远。只有夫妻双方都把对方放在第一位的伴侣关系才是强大的、温暖的、充满爱意的、称心如意的。

你可以忽略自己的需求，
因为你的伴侣会优先考虑你的需求。

法则
027

识别爱的信号，展示爱的姿态

你如何向你的伴侣表达爱意？你给他（她）送花或巧克力吗？你会带他（她）出去吃饭或为他（她）做一顿特别的晚餐吗？你会一天对他（她）说六次"我爱你"吗？他（她）会为你做同样的事吗？

如果你因为没有做到这些而感到内疚，那大可不必。这次我可能会放你一马。我记得在吃饭的时候和几个朋友聊天。他们对这一事实开着（基本上）友好的玩笑。比如，女人说她的老公几乎从不向她表达爱意。男人反驳："这不公平。我早上给你冲咖啡，不算爱吗？周末我照顾孩子的时候让你睡个懒觉，不算爱吗？我给你频繁洗车，不算爱吗？"她的回答很坚定："那不是浪漫之举。那只是帮忙而已。"他一脸困惑地问："你觉得我为什么要为你做这些呢？"

我们对什么是"浪漫之举"有一个非常狭隘的概念。鲜花、巧克力、晚餐，还有一句"我爱你"。这些都是显而易见的。但事实上，向某人表达爱意的方式有无数种。他（她）做那些不必要的小事都只是为了取悦你，这是他表达"我爱你"的方式。

如果你想知道你的伴侣有多在乎你，不要只关注鲜花和巧克力（尽管这些也很好，至少在我的书中是这样）。想想上次他（她）在没轮到自己换床单的时候换床单，或者在你生病的时候帮你拿阿司匹林，或者在你没力气的时候帮你打了个电话。如果这些平凡、平庸、听起来不浪漫的事情都不是浪漫之举，那它们到底是什么？这样做还有什么意义呢？

如果你学会识别这些信号的含义，不仅你的伴侣会觉得他（她）的爱得到了你的感激，而且当你意识到每一杯咖啡都是"我爱你"的密码时，你会感到更加安全和幸福。

浪漫之举也并不总是为你做事，有时它会带给你一点自由——如果这是你渴望的。所以，当她说"你可以去钓鱼，我自己带孩子出去玩"时，这是另一种表达"我爱你"的方式。

你不能指望你的伴侣（或者其他人）用和你完全一样的方式来表达爱意。实际上，在回家的路上顺路买盒巧克力或买束鲜花是很容易的事。这种想法很重要，也很慷慨，但实际上，早上第一个起床，或者洗车，或者修剪草坪，或者做任何对方知道你不想做的事情，都需要付出更多的努力。所以，请不要因为你的伴侣没有带给你老套的浪漫而责备他。相反，你要让他（她）睡个懒觉或给他（她）冲杯咖啡，以此来表示你对他（她）的理解。

———

他（她）做那些不必要的小事都只是为了取悦你，
这是他表达"我爱你"的方式。

法则
028

做你爱人心中的超级英雄

当你还是个孩子的时候，你喜欢童话故事或居住在幻想世界里吗？我总是在打游戏的时候想象自己是一个骑着战马的贵族骑士，勇敢地跟所有坏蛋战斗；或者，变身一个漫画风格的超级英雄，冲向危险，用我的魔法力量去救那个需要救的人。

现在成为英雄还为时不晚。每个人都需要一个超级英雄当后盾，当有凶猛的恶龙靠近时，或者有大规模的军队攻击时，或者有一个可怕的地下墓穴需要导航时，超级英雄会冲过来拯救他们。最近没有遇到这些险境吗？好吧，让我们再找一个机会让你拯救世界（或者至少拯救你爱的人）。

有些人在遇到危机时迫切需要一个超级英雄。假设你的伴侣突然被送往医院（没关系，可以治愈），留下你负责照顾孩子、房子和病号，以及挣钱谋生。这对你来说是个好机会。快，穿上你的超级英雄服，确保当困难再次来袭的时候，孩子们很开心，衣服被洗好和熨好，房子干净整洁，一切都很美好。或者，也许他（她）对搬家后收拾行李的苦差事深感恐惧，但你已经准备好介入，让这一切豁然开朗，甚至令人兴奋。或者，他（她）的生活很混乱，需要你提供一个安静的避难所，让他（她）远离一切，休息几天。

这里有一个附带条件，即你需要确定你的伴侣真的想要一个英雄。我认识一些人，当他们的伴侣不需要任何帮助时，他们也会介入并包揽一切（嗯，我自己也这样做过）。这可能是居高临下的态度，表明你认为你的伴侣无法应付困难。他（她）不需要你掌控他（她）的生活，只需要你像克拉克·肯特（Clark Kent）或露易丝·莱恩（Lois Lane）那样迅速切换成"超级英雄模式"，直到危机结束，然后恢复到日常模式（这仍然很美妙，但不那么狂热）。所以，你要确保自己并没有控制你的伴侣，而是真正地把他（她）从恶龙的魔爪中拯救出来。

其实，你也不需要成为超人。你可以成为任何你喜欢的人。你觉得自己是爱虚张声势的人，还是坚强体贴的人？前者如埃罗尔·弗林（Errol Flynn），后者如梅林（Merlin）。我们内心都有一个英雄，他有自己的风格。我们中的一些人很擅长吓退威胁者，而另一些人则能在混乱的情况下带来平静与和平。当我们忙着创造奇迹时，我们中的一些人表现得最棒，而在看似无望的时候，另一些人则能找到办法让一切都好起来。

所以，继续前进，找到你内心的英雄。请你自己决定让哪位英雄潜伏在你的内心，不要害怕，勇敢地去你的伴侣需要你的地方。

———

现在成为英雄还为时不晚。

法则
029

接受差异，拥抱共同之处

你认为，此时最重要的是把房子收拾好，把食物烹饪好。毕竟，再过一个多小时，你就有朋友来吃午饭了。然而，你的另一半却在办公桌前瞎忙乎，为周一的会议修改报告，而如果他在家，就可以帮你支付账单、整理一点资料……啊，可惜他不在你身边！

你当然不明白为什么他现在坐在办公桌前改报告，就像他不能理解你会因为一点整理和烹饪的活儿而如此恼火一样。因为你们是不同的人。你们有不同的视角，不同的优先级，不同的个性，不同的想法。

如果你想拥有一段成功的伴侣关系，让你俩都快乐，并且经得起时间的考验，你需要克服你和对方有差异的事实。更重要的是，你不仅要接受事实，还要看到对方的优势。他擅长打电话，你擅长写作；一个擅长组织，另一个善于提醒大家放松的重要性；一个擅长管理在树林里疯跑的孩子，另一个擅长手工和讲故事。

伴侣关系是两个人的团队，最好的团队包含具有不同优势的人。作为个人，你们是很棒的，而在一起，你们可以做得更多。

更不用说，如果你们俩各方面都很相似，那会有多无聊啊。你不想要一个克隆的自己吧?

当你的伴侣把你逼疯的时候，当他做了你不理解的事情或者没有按照你认为正确的方式做事的时候，你只需要强调他与众不同的优势。

但你也不应该纠结于你俩的分歧。如果有什么要做的事情，那应该是以你俩的共同点为出发点的，比如共同的激情和兴趣。你俩在雨中散步、玩拼字游戏、看自然纪录片、去酒吧见朋友或做其他任何事情时，一定会收获快乐。

是的，你们要能分享某些东西（比如，抚养孩子的观点、某些爱好和兴趣，以及那些你们应该珍惜的东西）。这真的对你们很有帮助，即使你们有分歧，也是良性的。即使你的伴侣有时会让你抓狂，也是无伤大雅的。

————

最好的团队包含具有不同优势的人。

法则
030

不要轻视或贬低你的伴侣

这太可悲了，我敢打赌，你们认识轻视自己伴侣的人。我当然也认识这类人。但我自己不这么干，我觉得这么干挺可怕的。有些人在其他人面前贬低和轻视自己的伴侣，让伴侣觉得自己很渺小。你会想，如果他们这么轻视那个人，那他们为什么和那个人在一起。当然，你不确定他们说的是不是他们的心里话。他们只是从羞辱自己的伴侣中获得某种快感。我知道，贬低也有程度之分，有些人是"轻贬"伴侣，有些人是"重贬"伴侣。有些人偶尔会贬低自己的伴侣，因为他们因为一些小争吵而生伴侣的气。

我们不该这样。不要轻视任何人，尤其不要贬低你的伴侣。即使你生他的气，也要明白"家丑不可外扬"的道理。如果你不能在别人面前控制自己，那就待在家里把问题解决掉。但实际上，你应该能够克制自己。什么样的变态心理会让你从对爱人的糟糕感觉或貌似糟糕的感觉中获得快乐或满足感呢？

控制自己其实很简单。在任何情况下都不能接受的做法是：

- 把你的伴侣说的跟傻瓜似的。
- 贬低或轻视你的伴侣。
- 对他（她）粗鲁。
- 拿他（她）开玩笑。
- 讨论他（她）的缺点。

你不应该在私底下这么做，更不应该在别人面前这样宣扬。

我希望专业的心理学家会告诉你们，贬低伴侣的人会妄自菲薄，因为在某种程度上，他们可能需要通过贬低伴侣来树立自己的形象。你知道吗，我不在乎原因是什么。你没有任何借口可以轻视或贬低你的伴侣。也许你有更深层次的问题需要解决，那就解决吧。但与此同时，你不要因为任何理由贬低别人。

顺便说一下，我这里说的"贬低"不是"互怼式"撩拨。我认识一些夫妻，他们经常深情地互相开玩笑，这是完全不同的事情。他们认为这是一件让他们更亲密的事情。你很清楚自己属于哪个阵营。不要假装你的伴侣喜欢这种玩笑，你内心深处知道，你的言语是讽刺的，你的伴侣只是为了挽回面子而笑。

关于贬低别人的事情，奇怪之处在于，贬低者似乎总是认为这会让被贬者难堪。但如果你目睹过这些场景，就会知道这不是事实。通常是贬低者自己看起来很糟糕。我认识几对这样的夫妻，在每一种情况下，朋友们都会觉得贬低者很差劲，而且非常关心被贬者默默承受的痛苦。

———————

即使你生他（她）的气，也要明白"家丑不可外扬"的道理。

法则
031

成为你的伴侣的支持者

你已经同意给你的伴侣做他（她）自己的空间（见法则023）。$^{\ominus}$那是因为你认为他（她）想和最好的伙伴共度一个夜晚，或者想涉足集邮的另一个领域，或者想摆弄他（她）的相机。

现在你发现他（她）最好的伙伴是异性，或者他（她）想涉足集邮的另一个领域意味着去参加一个星期的会议，或者他（她）想卖掉现在的相机且买一个更贵的。或者，他（她）可能想放弃稳定的工作，让你养家糊口，他（她）则逍遥地报名进修为期两年的课程；或者，他（她）要找一份工作，每个月都要离开家一个星期。

稍等一下。这不是你开始这段感情的初衷，对吧？是的，恐怕是这样。也许你错过了某些细节。如果你爱一个人，你的工作就是帮助对方实现梦想、抱负和完成计划，即使这些需要

$\ominus$ 我猜你已经同意法则023的观点了，因为你都已经读到法则031了。

你付出额外的努力或艰辛，你也在所不辞。

这并不是说在他（她）想和别人搞暧昧或犯下一些令人发指的罪行时，你还得支持他（她）。但上面所有的例子都是完全合理的愿望和抱负，只是不在你的个人愿望清单上。

然而，倘若你想鼓励你的伴侣实现他（她）的梦想，成为他（她）想成为的人，就需要你宽容、热情，必要时还要长期忍受带给你的不便，并且还要抵制任何不信任、嫉妒或怨恨的诱惑。我知道，这非常困难，但记住，最终的回报是更牢固的夫妻关系，这是值得的。

毕竟，你还有别的选择吗？如果你拒绝配合，就会积累怨恨和依赖，扼杀他（她）的梦想。这样，你算哪门子伴侣？这算什么表达爱的方式？

如果你不喜欢他（她）想做的事情，怎么办呢？既然已经确定了这条法则不包括不忠和犯罪行为，你就得想想，你自己为什么要抗拒呢？你完全有权利表达你的保留意见，并说服他（她）放弃。例如，如果他（她）为了重返大学而放弃工作，你就会在经济上难以生存，这种担心是不无道理的。但是，你要从你想要给予他（她）支持的角度出发，并且，根据你所关心的问题详细地讨论如何成全他（她），而不是固执己见、断然拒绝。最根本的一点是，你应该希望看到你的伴侣实现他（她）认为重要的目标。

———————

如果你拒绝配合，
就会积累怨恨和依赖，扼杀他（她）的梦想。

法则
032

不要带着怒气入眠

当我还是个孩子的时候，我妈妈总是这么说，出于某种原因，我认为这句话的意思是"你们不应该带着怒气上床睡觉，以防你们中的一个在梦中断气"。我的理解真的太夸张了，尽管我知道有这样的情况发生。相信我，如果你的伴侣在黑夜里突然离开这个世界，那么，在接下来几年里，你将遭遇睡前情绪的严重困扰。每次你在家门口送别伴侣的时候，你都应该考虑一下，如果他（她）再也不回来了，你会有什么感觉。抱歉，这种念头太变态了。我不是说你应该每天都杞人忧天地幻想那种悲惨的情景，我只是说，你应该在送别时本能地想一想万一这是最后的离别呢。

这是一条平凡的日常法则，教你不要沉湎于这些令人沮丧的事情。我们大多数人要么是生闷气的人，要么是爱发飙的人。那么你是哪一种呢？如果你发飙了，你是一股脑儿地发泄，还是让你的怒火持续几个小时甚至几天？我们处理烦躁、沮丧和愤怒的方式各有不同，你的伴侣处理负面情绪的方式也会影响到你。

在一段关系中不断争吵是不健康的，但偶尔争吵也不一定是件坏事，前提是控制在成年人的理智范围之内。爱的法则玩家从来不会威胁或辱骂别人，或者只是为了伤害别人而指责别人，或者允许自己说出一些事后会后悔的话。但在这些限制范围内，你当然可以偶尔地争论一下。

这不同于和同事、兄弟姐妹、呼叫中心的某个人或刚刚把你撞倒的司机之间的争吵，这是和世界上你最爱的人发生的争吵，所以这是一件可怕的事情，你需要尽快解决。最好的办法就是制定一条绝对的法则——吵完就翻篇，夫妻没有隔夜仇。别再翻旧账了，也不要继续生闷气或发飙了。

你应该能够重新开始每一天，但除非你自己放下争论，否则你无法做到这一点。当然，大问题可能需要更多的讨论，但这并不意味着一定是敌对双方的论战，或者让不良情绪伴随着争吵持续存在。

你需要清楚，你不是那种因为生闷气就去空房间睡觉的人（如果家里有空房的话），也不是那种在床上气呼呼地背对着对方的人。这种行为只适用于普通人之间的关系，或者更疏远的人际关系。那不是本条法则适用的关系。你们两个人足够成熟，可以在每天结束的时候弥合任何分歧，并且认识到你们太爱彼此，不会因为任何事情而吵个没完。如果你的伴侣还没有掌握放下自尊去做这件事的能力，那就得看你的了。你该如何迈出这一步，确保事情在睡觉前解决呢？这很简单，但你需要阅读下一条法则才能找到答案。

———

制定一条绝对的法则——吵完就翻篇，夫妻没有隔夜仇。

法则
033

做第一个说"对不起"的人

成年人是不会吵架的。当然，他们会争论、辩论、反对彼此的观点。当他们受伤、生气或沮丧时，他们会表达自己的感受。但他们没有那种需要道歉来平息的争吵。

哦，不对，我们会有那样的争吵，但这并不意味着那样的争吵是对的。有时我们会忘了这么说："当你说……的时候，我感觉……"我们都知道我们应该这样说，但我们却表现得很孩子气。别担心，我们都会这么说的，但我们希望对方先开口。

如果我们和自己爱的人闹翻了——这当然不是我们想要的——我们该怎么办？答案是说"对不起"（你可能已经从这条法则的标题猜到了），甚至要赶在对方道歉之前说"对不起"。

你觉得说"对不起"好吗？你不明白为什么要说"对不起"？或者，你觉得你丢了面子，被羞辱了，只好放下架子和自尊？哦，不是。你是爱的法则玩家，你又强大又自信，还自我感觉良好，有足够的勇气去道歉。我不是要你在 500 人面前公开道歉。我只是希望你私下向你最亲近的人道歉。你可以做到的。

那你为什么道歉？当你觉得自己是对的时候说"对不起"，这不是很虚伪吗？不是的，因为那不是你道歉的原因。你是在为你让一场关于不同观点的完美讨论退化到争吵的地步而道歉。吵架需要两个人，你在为自己幼稚到让争吵发生而道歉，你在为自己犯了这么多错而让双方走到今天这种地步而道歉。

争吵时必须有人首先承认自己的幼稚，你是爱的法则玩家，这个先说"对不起"的人必须是你。如果你的伴侣也是一名爱的法则玩家，那么，你就得加快行动。你们必须证明你们中至少有一个人是宽宏大量的、慷慨大方的、敞开心扉的、愿意和解的、成熟懂事的。如果幸运的话，对方会向你展示他也能做到这些。他只是需要你提醒他而已。

不管你们争吵的原因是什么，和好并重新成为朋友总比生气或继续争吵要好。当你们都冷静下来后，也许还需要解决争吵的原因，也许不需要。但你们都把自己卷进了困境，你俩都得自己脱身。

记住，你是在为让事情变得过于激烈和失控而道歉。你不是在为你最初的观点或行为道歉。当然，除非你当时在这方面也出了问题。这样的话，你也得为此道歉。

———————

你在为自己幼稚到让争吵发生而道歉，你在为自己犯了这么多错而让双方走到今天这种地步而道歉。

法则
034

把最后的拍板权让给伴侣

假如你们正在进行讨论、聊天、辩论或激烈的争吵。你们已经吵完了，所有需要说的都说了（可能还不止说了）。所以，为什么不闭嘴呢？理论上，你们可以同时闭嘴，但在实践中却很难做到。不如你先闭嘴吧？

大多数人都觉得这很难做到。我猜，大家认为让别人拥有最终决定权而不反驳便是暗示对方是对的，我们就得服输。

请稍等一下。只有当我们在某种竞争中试图从对方身上赢得分数和某种（微不足道的）胜利时才会这样。这可不太成熟，对吧？更重要的是，如果你回顾一下你们当初为什么走到一起，便会发现你们的意图是建立一种伴侣关系，即两个人的团队。这样的话，你们不是应该属于同一阵营吗？

如果你俩属于同一阵营，你认为你们都从对方身上赢得分数了，这意味着这个二人团队是赢了还是输了？

当然，你俩会有分歧，但关键是要一起找到解决方案。嗯，我知道，有时候你俩可能都需要发泄一下才能进入那种状态，但最后的拍板权不是用来发泄的。最后一句定论出现在发泄阶段之后，纯粹是为了得分。往好了说，发泄增加了普遍存在的怨恨；往坏了说，发泄可能使整个争论再次爆发。

总之，你们始终走不出无聊的争吵，直到有一个人决定退出，放弃最后的拍板权。那是成熟、体贴、聪明的人，那是知道如何放眼全局的人，那是能抛开鸡毛蒜皮的人，那是坚持常识和和解的人。是的，没错，那个人就是你。

争吵越早停止，你们就能越早开始合作，找到一个双方都满意的解决方案。所以，把最后的拍板权让给对方并不意味着你输了。这意味着你们正在加速前进，共同找到一个成功的解决方案。试一试吧，享受一下站在道德制高点的感觉。[⊖]

你们始终走不出无聊的争吵，
直到有一个人决定退出，放弃最后的拍板权。

⊖ 请不要装模作样，否则你根本就站不上道德的制高点，不是吗？

法则
035

亲爱的，我俩有个问题

你听过多少次这样的对话？一个人说："我有个问题。"他的伴侣说："这与我无关！"我听过有人严肃地告诉自己的伴侣："你的嫉妒（或愤怒，或压力）是你自己的问题。"我见过有人走到自己的伴侣跟前说："我不喜欢你工作的时间（或我们生活的地方，或我们的饮食，或你在床上抠脚趾甲的样子）！"他的伴侣说："哎，我不觉得这是个问题呀。"

哦，不，这是个问题。显然，如果你的伴侣不开心，这是你俩的问题。这是一个共同的问题，需要你们两个人共同解决。这就是为什么我们用"伴侣"这个词，因为夫妻就像同林鸟。

事实上，这种漠不关心的态度真的让我沮丧。我发现，当一个人直截了当地告诉他的伴侣"你不快乐，但我不在乎"时，他的伴侣会感到非常难过。这个人不想做任何力所能及的事情来弥补。他的伴侣对他来说太不重要了，他根本不担心。

你的伴侣不开心本身就是一个问题。到此为止，不再说了。

不管原因是什么，不管你是否同意，不管你是否认为你的伴侣是个愚蠢的、不可理喻的、可悲的、脑子不好使的或小心眼的人。事实上，对方不开心是你俩需要共同解决的问题。

所以，请不要落入这个陷阱。毕竟，你是爱情法则玩家，你更清楚。如果你的伴侣过来告诉你他出问题了，你要认真对待。我并不是说你必须立刻放弃你的工作，搬家，生更多的孩子，摆脱你现有的孩子或任何导致他悲伤的事情。

你只需要认识到这是一个共同的问题，你们需要以惯常做法达成一个你俩联合决定的解决方案。

惯常做法是什么？你们要谈话。你们讨论这个问题，弄清楚为什么这是一个问题，可以做些什么来解决这个问题，这样你们都能接受这个问题，而且不会给你俩中的一个留下新的问题。对不起，我应该说"不会给你俩各自留下新的问题"。因为，这是一段牢固的爱情关系（共享关系）中唯一存在的问题。

————————

事实上，对方不开心是你俩需要共同解决的问题。

法则
036

你的伴侣只是一个普通人

我们中的一些人确实喜欢把自己的伴侣放在神坛上供着。他们把对方想象成某个国王（或王后），拜倒在对方的魅力之下。也许你认为现实没有那么极端，但是，当你爱一个人的时候，很容易让自己相信他（她）是完美的。

嗯，他（她）并不完美，就是一个普通人，迟早会犯错误，搞砸事情，不善于处理问题，举止也不得体。这是不可避免的。

如果你承认并接受这一点，那很好。但人们倾向于期望自己眼里的伴侣永远不会犯错，这会给对方带来巨大的压力。你的伴侣可能更喜欢被崇拜（也可能不喜欢，不是每个人都喜欢被膜拜的感觉），但他（她）担心自己没有达到你的理想形象时，你的幻想会破灭。

当你那美丽的妻子体重增加，或者当你那堪称正人君子的丈夫对他的老板撒谎，抑或是你那坚如磐石的硬汉老公突然崩溃，你会做何感想？你的伴侣迟早会表现出人性的一面。你会失望吗？

你的失望对他（她）来说不太公平。他（她）从未声称自己是个完美的人。他（她）所做的只是暂时偏离你的期望和幻想。

如果你想把你的伴侣看作某个完美的超人，我想这没问题。毕竟，如果你读过法则028，[⊖]你就会知道自己就是一个超级英雄。你要明白你的伴侣也和其他人一样有缺点和弱点。超人也可以像笨手笨脚的、不讨人喜欢的克拉克·肯特那样。最终，你和人类同胞的爱情将比你和外星人的邂逅更有价值，无论后者多么美妙。

所以，如果你想为你的伴侣保留一个神坛，让他（她）可以时不时地爬上去，那也没关系，但不要把他（她）一直放在神坛上。你要允许他（她）随心所欲地来来去去，享受他（她）表现完美时的时光，也享受他（她）走下神坛和你依偎在一起的时光。你也要允许他（她）表现得像一个邋里邋遢的普通人，因为这会让他（她）的生活更轻松，坦率地说，也会让你的生活更有趣，你俩的亲密关系也会更真实。

你和人类同胞的爱情将比你和外星人
的邂逅更有价值。

⊖ 如果你还没读过法则028，为什么不读一下？怎么一下子跳到法则036了呢？别跳来跳去的，规矩点，按顺序阅读吧！

法则
037

知道何时倾听、何时行动

这条法则是我很难遵守的法则之一。我知道我应该做什么，而且我比以前更经常做对，但我没有像我应该的那样经常做对。也许这是男人的通病。

那么，我哪里错了呢？当有人告诉我他有问题时，我会试着去解决问题。这对我来说是显而易见的。但显然（就像我经常被告知的那样），这不是他想要的。我真的理解，我只需不断提醒自己。所以，我会向你们解释这条法则，希望写下来可以帮我牢记在心。

当然，有些问题确实需要采取行动。如果你的伴侣打电话说他（她）堵车了，不能及时回家接孩子（或做晚饭，或喂猫），他（她）很可能是想找你来替他（她）干那些事儿。但是，当他（她）回到家告诉你他（她）和同事吵架了，其实他（她）并不需要你的建议。他（她）想要的是你可以洗耳恭听，并告诉他（她）有理的人是他（她）。他（她）希望你能感同身受，允许他（她）展示沮丧、愤怒或悲伤的情绪。你只要简单地倾听和发出赞同的声音，从"嗯哼"到"你生气，我一点也不奇怪，如果我是你，我也会生气",你就是在确认他（她）有产生这种感受的权利。

我们人类是奇怪的生物，我们确实需要确认我们的反应和行为是被大多数人认同的。而你的伴侣是在要求你通过认同他（她）的感受来确认他（她）的感受是正常的。所以，如果他（她）还没说完，你就跳起来说"哎呀，我要给你同事家里打电话，我要宣誓我支持你的立场"，他（她）会感到沮丧。他（她）不需要你这么做，他（她）可以为自己辩护。他（她）只是想让你安慰他，说他（她）没有反应过度或无理取闹。

那么，你怎么知道你需要做什么呢？提供帮助还是只是倾听？通常，如果你从倾听开始，思路会变得清晰。如果他（她）告诉你，他（她）不能及时回家接孩子，那他（她）现在的需求是显而易见的。如果他（她）向你倾诉办公室里的喧闹，他（她）可能会暗示你提供建议就好。比如："你认为我应该怎么做？"如果他（她）不寻求建议，但你仍然有疑问，你也可以问："你是想要建议，还是只想一吐为快？"

当然，他（她）可能需要你的帮助，然后是你的倾听（或者，你先倾听，然后提供帮助）。当你的伴侣终于克服了交通堵塞，疲惫地回到家时，你已经解决了接孩子（或做晚饭，或喂猫）的问题。但他（她）可能仍然需要你的倾听。为什么？因为他（她）需要你认同他（她）已经遭遇了一段令人沮丧（或恐惧，或苦恼，或担忧，或愤怒）的经历，他（她）还希望你同情他（她），向他（她）表示他（她）的感受是完全可以理解的。

————————

我们人类是奇怪的生物，我们确实需要确认我们的反应和行为是被大多数人认同的。

法则
038

让你的魅力生生不息

如今，你还迷恋你的伴侣吗？我希望你的回答是肯定的。我也希望你的伴侣还迷恋你。毕竟，他（她）没有理由不这么做，不是吗？

我猜，你希望你的伴侣仍然像你第一次见到他（她）时那样迷人，这是可以理解的。嗯，他（她）现在可能有点老，但这可以增加他（她）的魅力。如果你想让他（她）为你付出努力，你也要为他（她）付出同样的努力。我说的不仅仅是外表，还有你的行为，以及你和他（她）说话的方式。这些都是我们魅力的一部分。如果你们在一起一段时间后你就中断了魅力输出，这对你的伴侣是不公平的。如果他（她）对你做同样的事，你不会感谢他（她）的。

在这里，我要明确一点，我并不是说，你必须每天早上花几个小时化妆、选衣服、刮胡子或打扮。当我们第一次与某人见面时，我们通常会竭尽全力确保自己看起来完美无缺。几年之后，也许因为要照顾孩子和忙工作，这并不总是现实的。你可能也胖了，但没关系。如果你的伴侣爱你，他（她）仍然会觉得你魅力四射，因为你就是你。

我在说什么？我是说，你不该走向另一个极端。不要以为你得到了这个男人（或女人），你就可以穿着运动裤和脏兮兮的旧T恤在家里走来走去，甚至在他（她）的面前剔牙。你仍然要遵守一些规范。你应该向你的伴侣表明，你想尽可能地保持对他（她）的吸引力。

把你的头发梳得漂亮一点，选择一件干净、得体、看起来很衬你的衣服其实并不难。你不需要花哨的东西，也许你没有时间化妆，或者你从来没有穿过花哨衣服。或者，如果你是一个男人，也许你一直喜欢不刮胡子的样子，而这正是她喜欢的样子。你考虑对方的审美标准，只是为了表达你对对方的尊重，因为他（她）是看你最多的人（除非你花很多时间照镜子）。

更重要的是，你仍然可以时不时地做出努力。我知道，当你的生活很忙碌的时候，早上你并没有多少时间打扮，但你仍然可以在特殊场合（生日、外出就餐、聚会等）为你的伴侣精心打扮。每隔一段时间，你仍然可以花一些时间在镜子前打扮自己，就像你们第一次见面时一样。此外，你要确保你的伴侣会因为被人看到和你一起出去（或和你一起待在家里）而感到非常幸运。

你考虑对方的审美标准，
只是为了表达你对对方的尊重。

法则
039

记得说些娓娓动听的好话

以下是在一起一段时间后的伴侣之间的常见对话：

"你再也没说过我好看了。"

"嗯，你知道你好看。这是显而易见的。"

当然，这种话题也有不同的版本，不一定是关于长相的，但我注意到这是对话中最常见的版本。其次是："你从来没有（几乎没有）告诉过我你爱我。"然后是同样的回答："嗯，你知道我爱你。这是显而易见的。"

听着，我们都需要安慰和鼓励。我们是人，人类就是如此。每个人在做得很好时都喜欢别人告诉他这一点。这就是为什么学校会给学生颁奖，其实孩子们早已知道谁在考试中名列前茅了；这就是为什么会举办奥斯卡和年度体育风云人物这样的颁奖典礼；这就是为什么你要向你的孩子表达你的爱。因为人们总是希望得到认可和赞同，而我们做到这一点的主要方式之一就是亲自告诉他们。

为什么你的伴侣就应该与众不同呢？如果他（她）爱你（我确信这点），对他（她）来说，听到你的认可比听到其他人的认可更有意义。所以，你需要确保你总是让你的伴侣知道你很高兴或对他（她）很认可，比如在下面的时刻：

- 当他（她）看起来不错的时候。
- 当他（她）特别善良、体贴或有耐心的时候。
- 当他（她）做了让你尊敬或钦佩的事情的时候。
- 当他（她）贡献出好东西的时候，比如，一顿美味的饭菜或一份体贴的礼物。
- 当他（她）特别聪明或有创意的时候。
- 当他（她）逗你笑或逗你开心的时候。

你也应该向他（她）表达你的爱意。就我个人而言，我觉得每天都要说好听的话，至少一句，多说一点也没问题。我指的不仅仅是你每天早上离开家或睡前关灯时出于习惯而草草地说一句"我爱你"。这很好，但如果这成为一种习惯，就失去了意义。所以，一定要在不经意的时候告诉他（她），并且要表达出你的真诚。

所有这些都会让你的伴侣感到被珍惜和被关心，这样他（她）会自我感觉良好。这就是你想让他（她）得到的东西。所以，不要这样想："这很明显，我不应该说出来！"你要这样想："这很明显，为什么我不说出来呢？"

这是一条很棒的法则，适用于你的孩子、家人和朋友。但是，先找些好话在你的伴侣身上练习，然后再慢慢寻找一些可以对所有的熟人说的好话。

我们都需要安慰和鼓励。

我们是人，人类就是如此。

法则
040

|

不要把伴侣当孩子训

对你的伴侣来说，你应该扮演很多角色：朋友、爱人、伙伴、知己、盟友、安慰者。但有一个角色你不可以兼任：他（她）的父母。他（她）长大了，不再需要父亲或母亲了，毕竟，他（她）也有自己的父母，不需要把伴侣当父母。

你的伴侣是一个独立而成熟的人，可以掌控自己的生活。他（她）选择和你一起度过余生，对此我希望你能心存感激。他（她）不需要别人告诉他（她）如何经营自己的人生。所以，不要对你的伴侣说："进来之前把沾满泥的鞋子脱掉。""你没吃多少东西。""继续吃，至少吃完你该吃的蔬菜。""你知道，你没有做足够的运动。""你应该去健身了。"

这些都是他（她）有能力为自己采取的行动或做的决定。我不是说你不应该表达意见，但没有必要告诉他（她）应该做什么。这只是你的想法，好吗？所以你可以表达观点，但不能发号施令。

我来告诉你如果你这么做会发生什么，因为我见过这样的事情发生在我认识的某些夫妇身上。如果你像父母一样对待你的伴侣，他（她）会以这样两种方式之一来回应你。第一种，他（她）的反应会像孩子一样。他（她）会乖乖地按你说的去做，让你成为他（她）的父母。一开始这似乎行得通，但实际上这会破坏你们关系中的平等原则。当你希望有人照顾你时，他（她）似乎不再是合适的人选了。他（她）会期望你为他（她）解决所有问题，但你不可能总是做到这一点。所以，你们都会感到失望和沮丧。这可不是幸福婚姻的秘诀。

第二种，他（她）会表现得像一个叛逆的青少年，有理有据有节地反对你的说教。这会导致争吵和冲突，因为他（她）会怨恨你、抵制你。

如果你想为人父母，那就生孩子吧。这就是我所知道的唯一的解决办法。但不要在你的伴侣身上练习你的育儿技巧，因为他（她）值得比这更好的待遇。如果你知道自己有这种倾向，那就把它变成一个笑话。当你不假思索地训你的伴侣时，让他（她）给你个小警示，这样你就可以阻止自己了。否则，你至少会引起对方的怨恨，在最坏的情况下，你会严重破坏你们之间的亲密关系。

———————

如果你想为人父母，那就生孩子吧。

法则
041

你要参与伴侣的生活

　　我认识一对夫妇（嗯，我以前认识的一对夫妇，他们已不再是夫妻了），他们总是各玩各的。他们偶尔会在一起社交，但他们也有很多不同的朋友。他放弃了自己的工作，接受新的职业培训，为了培训，他每个月都有几个周末要在外面度过。只要他在家，她就出去工作，而他则照看孩子。他们很少见面。他没有和她谈论他的培训课程，所以她并不知道他生活中的大部分时间都发生了什么。与此同时，他不想和她的家人有任何关系，因为他和她的家人合不来，而且他也没有时间。

　　你知道会发生什么。她的家人生病了，他也帮不了她，因为他和她的家人没有联系，也不知道后果有多严重。与此同时，他越来越多地与新课程上的所有朋友交往起来，而他的那些朋友她一个也没见过。不可避免地，压垮婚姻的最后一根稻草把他们分开了。我想，唯一的安慰是他们几乎没有注意到他们是什么时候开始渐行渐远的，因为他们的感情变化不太明显。不，那不公平，他们经历了一场非常痛苦的离婚，你懂我的意思吧。

如果你不参与你伴侣的生活，那你们一起生活有什么用呢？当你不了解你的伴侣时，你如何帮他（她）解决问题？当你不了解背后故事时，你如何为他（她）庆祝成功？你不能因为自己不感兴趣就选择退出他（她）的生活。如果你这样做，最终，事态的发展会让你们完全脱离彼此的生活。

我不是说你们必须形影不离。当然，你可以有自己的兴趣和朋友。事实上，彼此之间有话可聊并不是件坏事，但如果你们天天腻歪在一起，有话可聊也是一件很难的事。

你们需要尽可能多地接触彼此的生活。不管你觉得有多可怕，都要去参加你的伴侣的办公室聚会，这样，下次他（她）谈论同事的时候，你就知道他（她）谈论的是谁了。你至少要偶尔见见你伴侣的朋友，还要和你伴侣的家人保持一些联系。

你们可以有不同的爱好和兴趣，但是，即使你不想参与你的伴侣彻底改装家里某辆车的过程中，至少也要在他第一次开着改装车兜风的时候陪在他身边。如果你不想尝试饲养豚鼠，我很理解，但至少试着记住豚鼠的名字，并陪伴你的"豚鼠控"爱人去观看奇怪的豚鼠表演（或对方做的任何事情）。参与到彼此的生活中去，你们都将受益匪浅，所以，即使你跳过了中间的一些片段，也要一起经历彼此的高潮和低谷。

如果你不参与你伴侣的生活，
那你们一起生活有什么用呢？

法则
042

用幽默的方式谈论恼人的小事

接着说，你的伴侣哪一点让你恼火？肯定有很多事情。来吧，你能想到什么？让我想一想！他（她）跟着你最喜欢的音乐唱歌，却总是跑调，是不是？他（她）没有征求你的意见就换频道，有没有？他（她）帮你记录电话留言却忘了告诉你，对不对？他（她）把油腻的黄油刀直接放在桌子上了？他（她）在你说到一半的时候打断你了？他（她）睡觉打呼噜？牙膏还没用完就被他（她）扔了？我打赌一定有很多小事让你心烦意乱。

我从来没见过谁不以这样或那样的方式让自己的伴侣陷入困境的。这是不可避免的。当然，我们需要包容彼此（见法则024），我们不能要求伴侣改变性格，但老实说，我们也不能惯着对方摔门而出的臭脾气！家里的宠物狗散步回来，身上还湿漉漉的，我们就不能让它进厨房，不对吗？

这么小的事情居然能影响到你，真是不可思议。如果你觉得无法忍受，最好让你的伴侣知道你的感受，而不是变得越来越沮丧和恼怒。毕竟，如果你不说出来，他（她）怎么会知道呢？他（她）可能从来没有意识到自己很烦人。

不过，我们这里有一条重要的法则：总是用幽默的方式告诉你的伴侣是什么让你恼怒。我和我的妻子建立了一种对话模式，每次她说："顺便说一下，为了以后以此为戒……"我就知道我将会因为一些我不知道自己正在做的事情而陷入麻烦。但因为她总是用同样的开场白，这已经成为一个老生常谈的玩笑话，所以，她总是笑容可掬地说，而我总是照单全收地答："不管发生了什么，我都向你道歉。请告诉我，我刚才做错了什么？" ⊖

我有一个朋友，她曾经把自己的观点表达得很清楚，并把她的伴侣逗笑了，她挖苦地对他说："你知道吗，作为一个男人，你非常擅长一心多用。你在设法让自己既无聊又烦人。"而他现在所需要做的就是扬起眉毛说："你也在一心多用……"她也明白了他的意思。

在开始下一个话题之前，我还要提醒一下：如果你大打出手，你就得有能力承受。信不信由你，你自己的某些习惯会激怒你的伴侣。只要确定他（她）是想用爱和幽默的方式告诉你，你就必须允许他一吐为快，而你不要生气和怨恨。所以，请理解他（她）的感受，即使你认为完全有理由把卫生间的门半开着，或者把一个空牛奶盒放回冰箱。⊜如果这让他（她）感到烦恼，就应该允许他（她）说出来。

如果你大打出手，你就得有能力承受。

⊖ 有趣的是，我们似乎没有建立一种反向对话模式。我想这是因为我们不会角色互换。要么是她真的不能容忍，要么是我非常惹人烦。
⊜ 我认识一些人，他们确实认为这是合理的做法。

法则
043

多付出一点，让你的伴侣开心

你是说，送花还不够吗？嗯，不够，试着每周都给他（她）送花吧。你上个月才给他（她）做了一份特别的饭菜，是吗？为什么是上个月这么久？几乎每次做饭都要给他（她）做一份特别的美味佳肴，这才够意思。虽然不贵，但你知道那是他（她）爱吃的东西。你要花点心思装饰或点缀一下，让饭菜好吃又好看，或者配上美味的新鲜沙拉。我知道，通常大家对吃饭没有过高要求，吃饱就行，但只要有机会，就争取奉上一份特别的美味佳肴吧。

你要给他（她）煮杯咖啡，你要换掉那个你知道会让他（她）讨厌的灯泡，你要在给自己熨衣服的时候也给他（她）熨衣服。你要给他（她）洗车作为奖励；你看到和他（她）很般配的小饰品就要买下来送给他（她）；你要花一个小时在网上搜索一些稀罕玩意儿，因为那是他真正想要的生日礼物。

每天只做自己的家务是不够的，即使这些家务是公平分配的。

仅仅在他（她）生日那天送他（她）一份礼物和一张卡片是不够的。仅仅在圣诞节送他（她）袜子或一些俗气的内衣是不够的。当他感到不舒服时，仅仅给他喂点鸡汤是不够的。"足够"是不够的。你应该做得比"足够"多。

这个人是你最爱的人。如果你不愿意为他（她）付出额外的努力，我想你也不会为任何人付出额外的努力。当然，他（她）应该排在第一位。这是你的爱人，你生命中最特别的人。加油！发挥你的想象力。你能做些什么让他（她）感到惊讶、惊奇和惊喜呢？你能做些什么让他（她）感觉自己很特别且被爱包围着呢？你能做些什么来向他（她）展示你对他（她）的感情比山高比海深呢？

你不需要钱。帮他（她）处理点儿琐事，或者在花园里摘些鲜花送给他（她），或者让他（她）看他（她）想看的电视节目，即使你想看的是另一个节目。这不是昂贵的礼物或奢侈的款待，这是努力、思考和关心。

在无聊的时候，你总是可以想出一些新的、有创意的方法来向你的伴侣表达你的爱意，以此来娱乐自己。这对你们来说都是一种源源不断的快乐源泉。你会很开心地策划这些款待、冒险和礼物，他（她）也会很开心地发现你的奉献，并意识到你有多爱他（她）。对你来说，看到他（她）快乐将是最好的回报。

———————

"足够"是不够的。你应该做得比"足够"多。

法则
044

确保你的伴侣总是很高兴见到你

你还记得自己第一次和伴侣在一起时的场景吗？在你确定他（她）的爱之前，甚至在那之后，如果你先到某个地方，你总是有一种紧张的感觉，直到他（她）出现。然后，当他（她）走进房间时，你的心里一阵翻腾。每当你看到他（她），你的内心就会振奋，你心中的太阳就会升起。每当他（她）离开的时候，你都会感到失落，直到你再次见到他（她）。

这种感觉会逐渐消失，但应该是被同一感觉的变体取代。你看到他（她）时不再感到惊讶，你现在没有什么可紧张的了，你的心也平静下来，这只是出于习惯。不过，当你的伴侣进入房间时，你仍然应该感到快乐，为你是他（她）选择在一起的人而自豪。如果他（她）离开了，即使只是一两个晚上，当他（她）回来时，你仍然应该为见到他（她）而感到兴奋。

当然，你也希望你的伴侣对你有同样的感觉。你要让他（她）在你出现的时候感到兴奋、振奋、骄傲和快乐。毕竟，这给了你生活幸福的理由，因为你能给别人带来那么多的快乐。如果你只需走进某人的房间就能改变他（她）一天的心情，那么，你就有了一个真正的目标。你可以做到的，就像你的伴侣可以为你做的那样。

如果你遵守爱的法则，就应该确保这一切会发生。你要确保你每次见到他（她）时都表现出爱、温暖，给予安全感，并且让你的伴侣感到舒适。你可以先下定决心，无论何时见到他（她），你都会热情洋溢且含情脉脉地迎接他（她）。

这意味着，你不要鲁莽地从前门闯入并问茶什么时候沏好，或者你抱怨你这一天过得多么糟糕。这意味着，你要带着微笑走进屋，准备好亲吻和拥抱。如果你过了糟糕的一天，你不会说"多么糟糕的一天"，你会说"在经历了这一天之后，能回到家和你在一起，真好"。当然，你只有在询问他（她）这一天过得怎么样并倾听他（她）的回答后才能这么说。

我知道，本书中的一些法则可能很难遵守，但这条法则不是这样的。简单、直接、充满喜悦，你下次回家的时候没有理由不这么做。

这给了你生活幸福的理由，
因为你能给别人带来那么多的快乐。

法则
045

不要把所有责任都推给你的伴侣

在生活中，有时我们会搞砸一些事。当这种情况发生时，我们真正想要的是一个替罪羊。还有谁比我们的伴侣更合适当替罪羊呢？毕竟，他们就在我们身边。他们显然是该受责备的人。你所要做的就是转过身对他说："你为什么不带上相机？"好了。这样感觉好多了。你把所有责任都推给了你的伴侣。

嘿嘿！你只是恋爱了，这并不会阻止你成为独立的人，也不会卸下你带相机的责任；或者，你至少应该在离开家之前检查一下有没有人带相机。如果你还是单身，你会把东西打包好，或者因为落下了某样东西而自责。现在你有了伴侣，但这并不意味着你不用再为自己负责了。你想带相机去度假吗？那你一定要把它打包好。

我注意到，当夫妻有了孩子后，他们找替罪羊的倾向会越来越强烈。你的孩子给了你很多把事情搞砸的机会，这意味着，当你和你的伴侣一起遭遇困境时，你有很多机会把责任推给他。我不止一次听到父母说："我告诉过你要多带尿布！"这话让我百思不得其解。为什么父母一方要对另一方发号施令？事实上，在这种情况下，他们是在为自己承担责任，然后，当执行不到位时，他们会把责任推给另一个人。

有些人找替罪羊的情况可能更严重："难怪我们有严重的资金问题。去年夏天我真不该听你的话选择出国。你知道我们负担不起的。"

你说的对，你不应该听他的。你确实有自己的想法，如果你选择不听从你的想法，那就是你的错。

"责任"这个东西很有趣。我注意到，在所有关系中，一些事情未经讨论就被认定为某个人的责任。如果你很乐意当领航员、理财员或假期策划人，那也没关系。但是，如果你不喜欢你的工作，怎么办呢？你需要说："对不起，我不想要这个职位。"你必须允许你的伴侣也这么说。

我确实意识到你的伴侣偶尔也会犯错（就像你一样），这其实是他（她）的责任。如果你的伴侣不告诉你就出去买了一辆昂贵的车，然后很快就把车撞坏了，可想而知，他（她）需要为此承担责任。或者，他（她）甚至说："不用担心带相机的事，我负责打包相机。"

你非常清楚我的意思。在那些不幸的时刻，你指责他（她），只是为了转移你对自己的批评。你觉得有必要这么做，因为在内心深处，你知道你和他（她）一样负有责任。所以，加油吧，勇敢地分担责任，最好带点幽默感，接受你俩一起搞砸了的事实。

――――――

你只是恋爱了，这并不会阻止你成为独立的人。

法则
046

如果你不喜欢伴侣的朋友，直说无妨

在夫妻关系中，如果我们能喜欢对方的所有朋友，那就太好了。我们中的很多人都很幸运，和对方的大多数朋友相处得很好。但总的来说，至少有几个人（有时甚至更多），我们就是不喜欢与之为伍。也许他们只是粗鲁、无趣或愚蠢（至少在你看来是这样的），或者你认为他们对你的伴侣有不好的影响。

那么，你打算怎么做？你能做的并不多。你可以让你的伴侣知道你不是特别想和他（她）的某些朋友在一起。请注意，我并没有说你可以让他（她）为难，我的意思是你只是想让他（她）知情。你可以说："我不是 × × 的忠实粉丝。如果你要和他（她）出去玩，那天晚上我宁愿自己做点别的事情。"

从长远来看，你不可能轻易隐藏自己的感情，那就最好让你的伴侣知道后果。不要批评或抱怨他（她）的朋友，因为你的伴侣一定会有戒心，毕竟你是在挑剔他（她）交朋友的眼光。你只要保持礼貌，尽可能找借口疏远那个朋友就好。

你不能做的是责备你的伴侣，或者期望他（她）改变他（她）的朋友来适应你。他（她）有权结交自己喜欢的朋友，就像你一样。你无权命令他（她）可以和谁出去玩，也无权禁止他（她）和谁出去玩。想一想，如果他（她）对你做同样的事，你会有什么感觉。

　　有时候，嫉妒就是问题所在。如果你的伴侣和朋友在一起的时间远远超过和你在一起的时间，这可能会激怒你，这是可以理解的。但你得允许他（她）花一些时间和他的朋友在一起。如果你不许他（她）在你不在场的情况下社交，就会引起他（她）的怨恨，因为这是不合理的。你需要找到一个公平的平衡点，并确保对双方都有利。

　　我必须告诉你，如果其中一方或双方真的不喜欢对方的大多数朋友，这段恋情是不会成功的，反正我暂时想不出成功的先例。我们的朋友透露了很多关于我们的信息，如果你的伴侣选择花大部分时间和你不喜欢的人在一起，也许你应该考虑一下，他（她）为什么想和这样的朋友在一起。我认识很多这样的人：他们发现伴侣的一些朋友有点无聊或有点烦人，这很正常。但如果你真的不喜欢你的伴侣的那些朋友，就需要记住，你的伴侣也是其中之一。如果你认为他们不是很好的人，你的伴侣为什么选择和他们做朋友呢？

──────────

他（她）有权结交自己喜欢的朋友，就像你一样。

法则
047

你猜忌只是你的问题

在我们讨论这条法则之前，我想说的是，我并不是在谈论你知道你的伴侣对你不忠的情况。在这种情况下，猜忌是可以理解的，也是合理的。这条法则的意思是，每当你的伴侣离开家、独自外出、下班晚回来等，你都会猜忌，也许你甚至忍不住要查看他的电子邮件或偷看他手机上的电话记录。

猜忌是恋爱中极具腐蚀性的东西之一。我见过它毁掉了原本很好的恋情。如果被怀疑的伴侣实际上是无辜的，那么他（她）会因为不被信任而感到愤怒和怨恨，这是理所当然的。回到"寻爱法则"之法则 013，我们确定的是没有信任就不能谈恋爱。现在你恋爱了，那就得建立信任。除非有其他证据，否则你的伴侣是无辜的，你必须相信他（她）。

你猜忌的原因有很多，其中大部分都与你自己的经历有关。你要明白的是，需要消除猜忌的是你自己。你的伴侣没有义务随时向你汇报他（她）在哪里，也无须不停地交出手机让你检查。

正如我们在法则035中看到的，每个问题都是你俩共同的问题，我希望你的伴侣愿意帮你解决这个问题。但如果你天生就好猜忌，那么无论你的伴侣做什么都不会让你满意。你会怀疑他（她）在把手机交给你之前已经删除了短信，你会纠结于每一个你无法解释他（她）去向的10分钟。不，唯一能解决问题的就是你要弄清楚是什么导致你的非理性猜疑。你可以自己去思考，也可以和朋友一起探讨，还可以和你的心理医生或心理治疗师沟通。你可以选择任何适合你的方法。但你必须处理好这个问题，否则你最终会失去这个让你爱到心慌的伴侣。

顺便说一下，如果你是这种猜忌的接受方，而且你变得更加遮遮掩掩，事情就会变得更糟糕。我知道你已经忍无可忍，你不明白为什么你必须对你一天中的每一分钟的行动做出解释。你想得很对，你不应该遭受质疑。但如果你想让这段关系成功，就必须在你的伴侣努力控制自己的猜忌时打消他（她）的疑虑，并理解和同情他（她）。如果你变得敏感，坚持说你是完全忠诚的，但不需要证明这一点，实事求是地讲，你可能是对的，但你会毁掉你们的亲密关系。

———————

你的伴侣没有义务随时向你汇报他（她）在哪里。

法则
048

你的伴侣比你的孩子更重要

不遵循这条法则会让很多人栽跟头。这很容易理解，但这不是重点。本书的法则是为了你的利益而制定的，仅仅因为你有一个忽略这些法则的好借口，并不意味着你不会因此遭罪。这是一条你真的不能忽视的法则。

当你的孩子们还小的时候，你很容易把他们放在比你的伴侣更重要的位置上，尤其你是花最多时间和孩子们在一起的那个人。随着年龄的增长，他们的要求依然很苛刻、很过分，更重要的是，你现在依然把他们放在第一位。但是，最终，他们终究会离开家。你还剩下什么？你发现，二十多年来一直不是你生活中心的那个小伙伴正与你渐行渐远。真遗憾，因为在接下来的几十年里，你十有八九要和他（她）单独相处。要么这样，要么离婚，这两个选择对你来说都不会有什么乐趣。

我并不是说不要让孩子占用你很多时间。父母与子女的大部分相处时光都是在子女小的时候。我已经有六个孩子了，所以我知道其中的难处。这条法则并不是说你的伴侣可以比的孩子占有你更多的时间，因为这通常是不可能的。但至关重要的是，你的伴侣是你生活的主要焦点，尽管你对孩子们的责任和时间投入更多。我并不是说你应该爱伴侣胜过爱孩子，因为每个人都有足够的爱，这是一种非常不同的爱。但永远不要忽视这样一个事实：孩子在你身边生活只是暂时的（尽管这个"暂时"有点长），而你的伴侣对你的陪伴是终身的。

你可能不喜欢这条法则，但我不在乎。这不是一本为你分析道理的书，而是一本告诉你该如何做的书。那些拥有最牢固、最美好的婚姻关系的人（在孩子离开家后，这段关系持久而快乐地保持着）就是那些遵守这条法则的人。

更重要的是，你的孩子们需要你把你的伴侣放在第一位。首先，如果孩子们知道他们会把你的生活弄得支离破碎，那么他们怎么能找到离家去闯荡的信心和活力呢？对于最年幼的孩子来说，这通常是个问题，因为他的父母已分开多年。他知道他是父母（至少其中一个）生活中最重要的人。如果留下，他会感到压抑；如果离开，他会感到内疚。有些父母甚至说："没有你，我该怎么办？"但你不会说，因为你是遵守法则的人。

当然，你的孩子们想要到外面的世界，找一个对他们来说比你更重要的人去爱。就像你的伴侣现在（或者至少曾经）比你的父母更重要一样。如果这是单向的，那对他们来说将是相当困难的。不，为了让他们自由地去找别人去爱，你也必须有自己爱的人。那个人就是你的伴侣。

———————

这条法则并不是说你的伴侣可以比你的孩子
占有你更多的时间，因为这通常是不可能的。

法则
049

为浪漫腾出时间

如果你在恋爱几年后陷入工作和照顾孩子的泥潭，遵循这条法则可能会很困难。但这才是最重要的时候。留给浪漫的时间越少，你就越需要浪漫。

如果你放弃了浪漫，就不能指望你与伴侣之间的激情和兴奋能持续下去。所以你必须想办法让激情持续下去。两个人在豪华餐厅共进浪漫晚餐是很棒的主意，但时间和预算可能不够，所以你得更有创意一点。加油吧，现在你已经足够了解你的伴侣，知道如何为他（她）创造浪漫的氛围。

如果你能走出家门，远离孩子们，为什么不和你的伴侣去浪漫的林地散步或去公园野餐呢？或者，你们在某个宜人小镇的角落里买些纸包炸鱼和薯条一起分享呢？如果你们住在旅游区，为什么不乘船游览或在游乐场度过一个晚上呢？如果你们都能沉醉其中，那将是非常浪漫的时光。

你们偶尔可以去短途旅行，在家也有很多浪漫的方式。其中最简单也是最便宜的方式就是在沙发上手拉手，在彼此耳边诉说甜言蜜语；或者，在花园或阳台上吃晚餐。做一顿你们最喜欢的晚餐，不必很花哨，也许在桌子上放一块布，或者拿出最好的杯子，就可以在户外吃一顿浪漫的两人晚餐了。

浪漫能给你和你的伴侣带来很多乐趣。你可以给对方做烛光按摩；或者为对方准备玫瑰花瓣浴；或者，每人捧一袋爆米花，看一部你们最喜欢的浪漫电影，假装自己是坐在电影后排的青少年；或者，大声朗读台词给对方听；或者，只是早早上床，在床上喝一杯葡萄酒或一杯可可，然后聊天、做任何自然而然的事情。

好了，我的任务完成了。现在轮到你了。这是你的家庭作业：想出至少一个浪漫活动，无论是只要 30 秒还是需要花一整天，确保浪漫故事真的发生就好。

加油吧，现在你已经足够了解你的伴侣，

知道如何为他（她）创造浪漫的氛围。

对在一起充满激情

　　想想你的一些已婚朋友，不是那些刚刚在一起的情侣，而是那些一起生活了好几年的夫妻。你认为哪些人仍然对在一起充满激情？根据我的经验，这个问题的答案远没有应该有的那么多。我认识很多夫妻，尤其是有了孩子之后，他们失去了曾经的激情。他们开始认为彼此是理所当然的存在，把对方当成一件舒适的家具，视对方为一个厌烦时可以倾诉、无聊时可以聊天的人。

　　嗯，那是不够的。如果你这样对待你的伴侣，就会得到不如意的结果。大多数时候，你都可以和一件舒适的家具相处。你们第一次见面时许下的那些誓言、承诺和宣言都去哪儿了？永恒的爱情、浪漫和激情去哪儿了？如果你放弃了，那和与任何人（或任何一件舒适的旧家具）在一起并无区别。别忘了，那是你为之而生的人，你无法忍受与他（她）分离，你会用余生的激情去爱他（她）。记住没有？

　　如果你想让这段关系持续下去，而且这段关系确实值得持续下去，你就必须坚持这一点。你需要保持（或者在必要时重新发现）你们之间的那种激情。

你打算怎样做呢？你将如何在往后余生继续保持对这个人的激情？答案是永远不要忘记你和他（她）在一起的原因。你的人生目标就是让他（她）快乐。把他（她）放在你的优先级清单的顶部，并把你的一生奉献给他（她）。如此，你会不断地提醒自己为什么你如此爱他（她），为什么他（她）快乐对你如此重要，你是多么自豪，因为你是那个有机会让他（她）快乐的人。

抓住每一个你能抓住的机会，创造让这个人成为你生活的中心的机会，并鼓励他（她）成长，激励他（她）培养与你相遇时就已经拥有的令人惊叹的性格和人格。当你谈论你的伴侣时，你的声音和话语要洋溢着你对他（她）的热情。下次当你的朋友们想知道他们认识的哪对夫妻还拥有真正的激情时，确保你们的名字会第一个出现在他们的脑海里。

———————

把他（她）放在你的优先级清单的顶部，
并把你的一生奉献给他（她）。

法则
051

一起做家务，在柴米油盐中收获乐趣

在一段亲密关系中，你必须公平地对待你的伴侣，否则你们的关系就不平等了。这是你表达对他（她）的爱的最基本方式。不管你们的背景、教育和文化如何，唯一公平的事情就是你们都投入同样多的时间和精力来经营你们共同的生活。

换句话说，当你下班回家，而你的伴侣正在准备晚餐时，你不要跷着脚懒洋洋地闲坐着或躺着。每天早上和孩子们一起起床，孩子们才不会赖床。你与你的伴侣应该付出同样的努力。这意味着你们早上一起起床，直到所有事情都完成才会一起停下休息。所以，如果你下班回来，你的伴侣正在忙着做饭，你可以接替他（她）的工作，或者做一些家务，或者哄孩子睡觉，但不要闲着，直到他（她）可以和你一起休息。

当然，你不必把所有事情都精确划分，你可以做你喜欢做的任何事情。在我们家，我洗所有的衣服，而我的妻子买所有的东西。这对我们双方都合适。通常我先起床，但如果哪天我心情糟糕（有点暴躁），需要离开孩子们休息一会儿，那么在我消失的几分钟里，她会照常干活儿。当她傍晚做一些家务时，我可能会偷个懒，但那是因为在晚上睡觉前，我要做一些家务（把狗放出去，把餐具放进洗碗机），而她则直接上床睡觉。所以，我们做的事情并不完全相同，但我们都很高兴，因为劳动分工是平衡且平等的，我们都不觉得被利用或被虐待了。

我听过一些人（我要补充一下，几乎都是男性）耐心地解释说，他们一人挣钱全家花，整天做着艰苦的工作，而他们的伴侣只是待在家里带孩子。挣钱需要付出更多的努力，因此，他们的伴侣需要在晚上和周末做得更多才公平。因为他们辛苦了这么久，需要在业余时间多休息。

如果这就是你的态度，让我告诉你实情吧。我做过很多事情，包括繁重的体力劳动，以及耗费体力且需要创造性思维的工作。我一直是家里唯一的经济支柱，在这段婚姻中，我的收入只占家庭贡献的一部分。我也做了我该做的那一份，整天待在家里陪孩子。我可以告诉你，兄弟，带孩子才是最艰难的事，还会绊住你不能出去赚钱。

整天照顾学龄前儿童比我做过的任何事情都让我身心俱疲。如果你不相信我，我建议你休个假，试上几天，看看我说的对不对。如果你的伴侣不在你身边抚养一家老小，你就没有时间出去挣钱养家。所以，让我们保持公平的心态，平等地分担工作。如果有谁需要额外的休息，那就是整天照顾孩子的那个人。

————

每天早上和孩子们一起起床，孩子们才不会赖床。

法则
052

相信对方能做好他（她）的分内之事

　　如果你根据上一条法则平均分担工作，那么，你需要做的下一件事就是相信对方会正确地完成他（她）那一半的工作。无论是家务还是照顾孩子，赚钱还是做饭，不要试图控制、干涉或审查你的伴侣。这些做法令人沮丧，坦率地说，也是非常粗鲁的。

　　这意味着，如果你认为他（她）在用吸尘器之前应该打扫一下地板，你就得闭嘴了，这是他（她）的工作，他（她）会用自己的方式去完成。你不做饭，就不要介意他（她）把鱼和土豆放一起烤。我知道你绝不会这么干。此外，也许你认为他（她）应该在职场中更努力地争取晋升，或者需要找一份薪水更高的工作，但这取决于他（她）如何经营自己的事业。

　　如果你长期以来一直质疑他（她）做事的方式，你们可以坐下来好好谈谈你的担忧，比如，这份工作是否真的能带来足够的钱，或者孩子们的饮食是否足够健康，或者用吸尘器清理角落的效果有多棒。但在讨论的时候，你得小心行事，要婉转圆通、彬彬有礼。如果你实在不敢苟同，并且感觉强烈，你可以提出把这个特别的责任承担下来，你来操作吸尘器，他（她）只负责擦地板。如果这样分工，你可不要唠叨他（她）擦地板的方式。

我注意到，照顾孩子往往是最大的问题。我不得不说，通常是母亲[⊖]破坏了父亲努力的机会。她让他照顾孩子（他的孩子），然后批评他照顾孩子的方式："你是说你从两点开始就没给孩子换过尿布了？你不会又给他们鱼条当午餐了吧？你出门前到底为什么不给她穿件外套？"

如果你要把照顾孩子的任务交给你的伴侣，就必须把相关权利也移交给他。可能他认为尿布很好，鱼条也没问题，不穿外套是可以的。否则，他就不会这么做了。他不可能故意伤害自己的孩子。你知道吗？也许他是对的。根据我的经验，父亲在照顾孩子方面做得和母亲一样好，即使他的方式与她不完全一样。但为了便于讨论，我们假设他只是在偷懒。你能诚实地说，你从来没有因为忘记换尿布、忙其他事情或精力不够而让你的孩子饱受湿尿布的折磨吗？啊哈！逮着你了。

如果你真的认为你的伴侣没有能力照顾你们的孩子，那么你将面临一个非常严重的问题，你应该优先考虑。更有可能的是，他做得很好，只是需要你信任他，让他继续干下去。

如果你要把照顾孩子的任务交给你的伴侣，
就必须把相关权利也移交给他。

⊖ 哦，不是性别歧视，只是报道事实。别找我的茬。

法则
053

|

收起你的唠叨

　　我最近看到了一些有趣的研究，研究表明，如果你想让某人乖乖地做某事，请收起你的唠叨，对方会因为你的唠叨而更加抗拒执行。我不能说我会对这种现象感到诧异，因为我知道被人唠叨是什么感觉。

　　事实上，唠叨是没有意义的。如果你的伴侣不会因为爱你而做任何事，他（她）当然也不会因为你的唠叨而去做事。你所得到的只是他（她）的怨恨和你们关系的恶化，而这对你们都没有好处。

　　你只需要换个方法去面对。也许如果你试着不去烦他（她），他（她）最终会在空闲且方便的时候做这件事。也许你只需要适应他（她）的节奏；或者，你需要坐下来和他（她）谈谈，了解他（她）不照你说的去做的原因。当然，你在交谈过程中不能指责你的伴侣，因为指责只是另一种形式的唠叨，而你要做的是真正关心对方是否存在一些困难，比如，他（她）可能会筋疲力尽、可能不确定如何去做、可能认为这是你的工作或不明白为什么应该这样做。

或许，你需要做一些更有创意的事。比如，试着给他（她）挠痒痒，直到他（她）去做某事；或者把车钥匙藏起来，不让他（她）离开，直到他（她）解决了眼前的问题；或者来一场善意的约定，如果他（她）不完成他（她）的那份任务，你不会做你的这份工作，但这必须是善意的，否则你又会重回"唠叨小剧场"。所以，你可以说："我保证再也不提洗碗的事了。但要明确的是，在上一顿饭的碗碟洗干净之前，我永远不会开始做下一顿饭。"你要让谈话变得轻松愉快，但不能放弃自己的立场。也许他（她）最终会完成所有烹饪的活儿，那样的话，你可以洗碗，这样就好了。

有时候，你的伴侣不是懒，只是不想做事，而且他（她）还能找到不做事的充分理由，比如，他（她）要擦靴子，否则走路会弄脏地毯，或者他（她）要修理坏了的灯。这样的话，你要设法找出问题的根源。如果他（她）只是讨厌那件苦差事，也许你们可以交换一下任务。如果他（她）负责买东西这类的活儿，你就把所有的衣服都洗了。

如果你被爱情冲昏了头，爱上了一个懒得要死、一躺下就懒得动一下的人，最后你可能不得不接受你必须自己做更多的事情的事实。要么你多做事，要么你先唠叨两句，然后还是自己去做。这就是你选择和一个懒人在一起要付出的代价。如果他（她）是个懂得补偿对方的人，那就值得。如果他（她）没有这种素质，嗯……你决定吧！

———————

有时候，你的伴侣不是懒，只是不想做事，而且他（她）还能找到不做事的充分理由。

法则

054

确保你们是因为爱而亲密

你可能已经注意到，本书中关于性爱的法则并不多。这并不是因为性爱不重要，性爱当然重要，只是没有那么多关于性爱的法则，当然也没有那么多与爱有关的法则。在你们的亲密关系中，你花在洗衣服、购物、看电视或睡觉上的时间可能和你花在性爱上的时间一样多，但本书中也没有任何关于这些琐事的法则。

在此，我要介绍一条关于性爱的重要法则。事实上，这不仅仅是关于性本身，还包括牵手、亲吻等其他的亲密行为，无论多么微小，都是爱的动作。

当你爱一个人的时候，和他亲密就是为了表达你的爱。你要把爱的冲动从你的身体里赶出去，那么产生亲密行为就是解决冲动的便捷途径，它会帮你释放激情，但你的主要目的是用最亲密、最私人、最开放的方式向你的伴侣表达爱。这意味着你一定不要忘记善良、尊重、体贴和小心。

你的伴侣有权得到你的尊重，你要考虑到他（她）的隐私、禁忌、生理需求。当然，反之亦然。

我并不是说你们的性生活很无聊。恰恰相反，一旦你们彼此了解、彼此相爱、彼此信任，你们就会更亲密。但重要的是你俩都想这么做。不要给你的伴侣施加压力，也不要做任何让他（她）不舒服或不安的事情。那样做既不友好也不尊重。

你的伴侣允许你成为唯一与他（她）如此亲密的人，这对你来说是莫大的荣幸。如果你仔细想想，这是一种了不起的赞美，也是一份不可轻视的礼物。当然，反过来也一样，这对他（她）来说也是一种荣幸。所以，你们要好好对待彼此。

———

一旦你们彼此了解、彼此相爱、

彼此信任，你们就会更亲密。

法则
055

不要以保护之名控制你的爱人

过度保护和霸凌之间只有一线之隔。我认识这样一些人，他们毫不避讳地霸凌自己的伴侣。其中一些人咄咄逼人，而另一些人则安静但坚定。他们坚持让其伴侣以某种方式行事，并利用情绪、氛围压力和不合作态度来确保伴侣服从自己。

我认识一个人，他总是坚持厨房的桌子要时刻保持干净。他的伴侣希望能时不时地用这张桌子来摆放东西（毕竟这是一张桌子），但他拒绝在吃饭时放上除陶器和餐具以外的任何东西。他在这件事上不接受反驳，她不能对这件事发表意见。如果这是一个孤立的事件，可以解释为这是他的一个令人恼火的怪癖。但这只是他们生活中无数类似的例子之一。他不仅控制着自己周围的状况（他有权这么做），还控制着她（这就越权了）。他是个霸凌者，但他自己没看出来。

我还有一个朋友，他的童年很不幸。离开学校几年后，他和一个女人建立了恋爱关系，当时他的处境很糟糕。那个女人想照顾我的朋友，还想保护他，并全力帮助他，让他的生活回到正轨。过了一段时间，我的朋友觉得自己能够自立了，但那个女朋友仍然想帮助他，继续告诉他应该做什么、不应该做什么。当她觉得我的朋友做了错误的决定时，她就会表现得凶悍蛮横。换句话说，她在控制我的朋友。她不会用这个词，而且会坚持说这只是为了我朋友好，而且我确信她的动机是真诚的。但是，尽管她是过度保护而不是霸凌我的朋友，但最终，我朋友的处境并没有太大的改善。

我想补充一点，这两对情侣最终都走向了分手，事实是，过度控制是分手的根源。

如果你试图控制你的伴侣，就不可能拥有一段美好的亲密关系。事实上，你替他（她）做决定会削弱他（她）的自信心和自尊心，如果你爱他（她），就不能这么做。

这条法则对天生的控制狂来说尤其棘手。我是知道的，因为我和这样的女人住在一起。○ 然而，虽然她有控制自己生活和周围事物的欲望，但她肯定不会试图控制别人。在这方面，她确实偶尔需要一点提醒（当然，我总是用幽默的方式提醒她，参见法则042），但这是一条值得遵循的好法则。你可以重新安排你的办公桌，让其完全符合你的喜好，但你不可以重新安排你伴侣的办公桌。我知道这很难，但你必须尊重对方，相信他（她）能掌控自己的生活。

————————

事实上，你替他（她）做决定会削弱
他（她）的自信心和自尊心。

————————

○ 我希望她不要看到这条法则，否则我就有麻烦了。

法则
056

|

爱人的心思你要猜

　　我们为什么不总是直抒胸臆呢？我们为什么不能开门见山地解释自己想要表达的意思呢？我不知道其中的原因。如果我们可以直抒胸臆，生活会轻松很多。但我们经常回避真正的问题，或者避免说一些可能听起来愚蠢、琐碎或尴尬的话，或者避免说一些可能会与我们交谈的人感到不安或受伤的话。

　　你的伴侣有时和你说话也会这样。他（她）会先轻松地谈论你们共同决定不去参加的近期聚会，看看你会有什么反应，而实际上他（她）在一些真正困扰他（她）的重要的潜在问题上犹豫不决。他（她）说自己还是很想去的，但他（她）不会解释真正的原因，也许他（她）因为你似乎不再想和他（她）出去而感到沮丧，但他（她）只是说他（她）改变了主意。

　　这是一个有趣的"猜心游戏"。有趣的是你甚至不知道自己正在玩游戏，这是游戏的第一个部分，也是最棘手的部分，所以，你必须洞察到游戏已经启动。当然会有一些线索出现，否则这就不是真正的游戏了。线索很微妙，你的伴侣可能会说一些轻松愉快的话，但语气却极其严肃；或者，你们没有像往常那样有频繁的眼神交流；或者，他（她）会因为一些看起来没有意义的事情而变得烦躁。"猜心游戏"背后的理念是你必须识别这些信号，并意识到游戏已经启动。然后，你必须解开这些线索，弄清楚到底发生了什么。

这可能听起来很轻率，那是因为整个谈话听起来都很轻率，至少一开始是这样。可一旦你找到了线索，你的工作就是弄清到底发生了什么。你的伴侣真的很担心、难过或受伤，需要你倾听他（她）真正想说的话。他（她）的问题不一定与你有关。他（她）可能会因为工作或家庭的一些事情而心烦意乱，但他（她）不愿意说出来，因为你可能会认为他（她）反应过度或只是愚笨。但你知道，如果他（她）不开心或焦虑不安，那你就有足够的理由认真对待他（她）的问题。

一旦你弄清楚了事情的来龙去脉，还原真相的任务通常就不难了。你要做的就是一直对这些线索保持开放态度，当你的伴侣将他（她）想说的话和盘托出时，当他（她）有潜在的问题或担忧想要和你谈谈时，你要有能力意识到这一点。

在你的伴侣敞开心扉时，你还要确保自己会仔细倾听，不加评判，这样下次他（她）找你交谈时就会更有信心和安全感。不管你是否分担他（她）的担忧，你都要认真对待他（她）的感受，这样，他（她）就知道你关心他（她），愿意帮助他（她）解决问题，他会因此感到更快乐。

————

这是一个有趣的"猜心游戏"。

有趣的是你甚至不知道自己正在玩游戏。

法则
057

嘴上吵的和心里怨的不是一回事

一旦你与某人确定了一段关系，你会惊讶地发现，你们之间有那么多琐碎的争吵。在某些情况下，你们会因同样的问题反复争吵，真是没完没了。这有什么意义呢？好吧，我要告诉你的是，很多时候，你可能认为上次的争吵使问题得到了解决，但实际上，嘴上吵的和心里怨的不是一回事。你们为之争吵的事情完全不同，但你们都没有意识到这一点。

如果这条法则让你想起了上一条法则，那是因为这条是上一条的延伸。为了弄清楚争吵的真正原因，你必须应用法则056，猜测对方没有说出来的东西。

让我给大家举个例子，我想你们会明白的。很多夫妻会为该轮到谁洗碗而争吵。他们会纠结于上周五谁洗了碗，谁在周末洗了碗，因为周末吃饭的人多，所以需要洗更多的餐具，他们还会为"谁周二下班回家很晚却还得洗碗"之类的事情耿耿于怀。老实说，只是洗碗而已。谁来做真的很重要吗？难道你不够爱你的伴侣，还会为"这个星期谁洗的叉子更多"之类的细节而大惊小怪吗？

啊哈，这不是真正的问题，对吧？这里真正的问题是你们中的一个人觉得被轻视了，认为自己的善良被利用了。这亵渎了他（她）对爱他（她）的人的期望（猜得对）。所以，如果你想要弄清真相，就得展开讨论。你可以使用暗语，比如"厨房水槽脏兮兮的"，表示他（她）也应该付出一点努力，或者你可以切入正题，并说出你自己的想法。[⊖]你们选择哪种做法并不重要，只要你们都知道问题的核心是什么就行。

如果你发现自己在一遍又一遍地重复同样的论点，那么，很有可能你要处理的是这些潜在的话题之一，而且除非你发现了真正的问题，否则争吵不会停止。假设你们因为其中一人把钱花在另一个人认为不必要的东西上而争吵。要么他（她）担心没有足够的钱购买必需品，要么他（她）嫉妒你有更多的零花钱，或者他（她）觉得这些钱可以花在他（她）也能捞到好处的东西上。你必须弄清楚到底是哪一种情况，但不要误以为这就是他（她）认为你浪费钱的本质，尤其是这种情况频繁出现的时候。

你可能认为上次的争吵使问题得到了解决，
但实际上，嘴上吵的和心里怨的不是一回事。

⊖ 我想，这非常容易，用滚烫的肥皂水冲洗水槽就可以。

法则
058

|

夫妻之间也有隐私权

听说，你的伴侣有事瞒着你？那是他（她）的特权。你确定你把你的一切都告诉他（她）了吗？难道没有什么是你不想让别人知道的吗？当然有。我们都有让自己感到尴尬、羞愧、不舒服、压抑的东西，也有单纯的隐私。你的伴侣也不例外。

是因为你不信任他（她）吗？啊哈，那样的话，你们之间就会出现问题。但问题并不在于他（她）向你隐瞒了什么。这是关于信任的问题，或者说是缺乏信任导致的问题。你最好重新读一下法则 013 和法则 047。

哦，你真的相信他（她）？很好。你们的问题是什么？听着，你的伴侣有绝对的隐私权，你也一样。他（她）爱你，想和你分享他（她）的生活，但这并不意味着他（她）必须放弃最根本的人格权，或者放弃自己那一丁点儿的保密权。无论他（她）是想要独处一会儿，还是他（她）想和你保持朋友般的信任，或者他（她）喜欢在深思熟虑之后再和你探讨问题，这都是他（她）的权利。事实上，他（她）根本不需要给你一个对你保密的理由。

你没有权利在这件事上为难他（她）。没有哄骗，没有威胁，没有压力，没有窥探，没有情感勒索。别再烦他（她）了，给他（她）一些私人空间。

我认识一对夫妻，他们争吵得很厉害，因为丈夫不喜欢妻子在他不在场的情况下见朋友，也不喜欢她在他听不到的地方打电话。他越来越上火，而她越来越有戒心，这导致他们之间的情感出现裂痕。当他的生日到来时，家里举办了一场巨大的惊喜派对，但是，事情才刚刚开始就变得糟糕起来。没错，这是她送给他的惊喜。她花了好几个小时准备的惊喜。我可以告诉你，她已经受够了他给她带来的所有悲伤，一场争吵终于爆发了，她真希望自己没有为他举办那场生日派对。

我并不是说你的伴侣应该为你策划一场惊喜派对，尽管你希望如此。我只是说，你的伴侣可能有各种各样的理由想要保持隐私，这不一定会威胁你们的亲密关系。事实上，就像这对夫妇一样，如果不是他的消极回应，他们的感情会更加牢固。你唯一需要担心的是你真的不信任你的伴侣，这样的话……哎呀，我们又回到了开场话题。

他（她）爱你，想和你分享他（她）的生活，但这并不意味着他（她）必须放弃最根本的人格权。

法则
059

善待你的伴侣胜过你最好的朋友

实际上这条法则更侧重于技巧，你发现了吗？如果你有一段美好的感情，你的伴侣已经成为你最好的朋友，你就很难做到"善待你的伴侣胜过你最好的朋友"。然而，为了方便讨论，我们假设你应该善待你的伴侣胜过与你比较好的朋友。

如果你最好的朋友不小心把他（她）的饮料洒了一桌子，你会原谅他（她），甚至可能会一笑置之。如果是你的伴侣，你也会这么做吗？我希望如此。我也真的希望你认为自己无须阅读这条法则，因为你已经在执行这条法则了。如果你已经是一名彻头彻尾的爱情法则玩家，那么你就应该这么做。但我很不情愿地把这条法则写在这里，因为很遗憾，我知道有太多的人没有善待自己的伴侣。

你为什么和这个人在一起？因为你认为他（她）是世界上最棒的人，你愿意和他（她）共度一生，而不是和其他人携手到老。那么，你为什么不相应地善待他（她）呢？为什么有人对自己的伴侣说话粗鲁无礼或冒冒失失呢？为什么有人要忽略"请"和

"谢谢"等客气话呢？

我说的不是偶尔的失礼。我们不应该为自己的失礼找任何借口。不过，我们都有过糟糕的日子，有些事情做得有点唐突或漫不经心，但我们不是故意的。我指责的是那些与伴侣正常互动时不耐烦、轻率或漫不经心的人。

我认识一对夫妇，妻子就经常这样做。那个男人很可爱，但她把他看得一文不值。我记得他们来我家过周末的情景。"你还没有把我的包从车上拿回来吗？""给我倒杯茶。""来吧，该睡觉了——我累了，我需要你现在就上来，否则你一会儿会吵醒我。"我知道她把礼貌藏在了什么地方，因为她把礼貌用在了我们其他人身上。但他从未从中受益。不用说，他们已经离婚了。

这条法则建议你尊重你的伴侣，善待你的另一半。你要相信他是无辜的，带着友好去倾听他（她）的心声，而不揣着敌对的态度去反对他（她）的观点。你还要对他（她）偶尔的错误和突发的状况一笑了之。所以，如果你发现自己因为某件事对另一半很生气，就不妨想一想："如果是我的一个密友处于同样的境地，我会有什么反应？"如果答案是"我会一笑置之或只字不提"，那么，你就知道该怎么对待你的伴侣了。

这条法则建议你尊重你的伴侣，善待你的另一半。

法则
060

如果对方要私人空间，你不必不安

在某种程度上，我们都是社会性动物，但开放的程度并不相同。我们中的一些人只是喜欢花时间和大家在一起，而另一些人则喜欢围着自己的伴侣转。你和你的伴侣在这个问题上的本能反应完全相同的可能性很小。

有时候，你的伴侣想要玩失踪、去购物，或者摆弄他（她）的铁路模型，或者在花园里挖坑，或者看书，或者去冲浪。这并不意味着他（她）不想和你在一起。这仅仅意味着他（她）想一个人待着。有些人需要私人空间，如果你不给他们这样的空间，他们就会觉得自己被束缚住了。

也许你的伴侣经常需要私人空间，或者他（她）只是在事情进展不顺的时候想独处一会儿，或者当他（她）担心、忙碌、疲惫的时候想要一个人待着。这可能跟你没有关系，重点在于他（她）自己和他（她）的行事风格。

我认识一个小伙子，他每天晚上花三四个小时玩电脑游戏。你可能认为他的伴侣会讨厌他这样，但事实上，她说这给了她时间去做自己的项目，或者也让她有一点独处的时间。这对我来说并不合适，但没关系，因为我不用和他们任何一个人住在一起。这很适合他们。我的熟人中有很多人承认，当他们心爱的人内疚地溜出去打高尔夫球、打网球、钓鱼或做其他事情时，他们的内心实际上是欣喜若狂的，因为这也是他们的特殊时刻。

你的伴侣甚至可能喜欢与其他人一起做一些事情。你不要为此恐慌。假如他（她）收集火车模型或热衷于园艺，而你和他（她）的兴趣不一样，被人追着问无聊的问题并不是他（她）的乐趣所在。比如，"OO轨距是什么意思？""你为什么要把那棵植物的一些部分剪掉？"我希望有些时候你会参与其中，他（她）会乐意告诉你一切。但是，当他（她）需要在火车模型或植物中进行沉浸式治愈时，他（她）会想和知道他（她）在说什么的人在一起。再说一遍，这与你无关。他（她）只是在全身心投入到一项活动中。

事实上，很多人很高兴他们的伴侣没有过度参与他们的工作或爱好。被一个根本不在乎货币市场行情也不在乎如何种植大丽花的人拉回现实世界，真是令人耳目一新。

如果你的伴侣似乎需要每天花几个小时独处，而这真的不适合你，那么你们就需要好好谈谈了。但对我们大多数人来说，当我们的伴侣在做他们自己的事情时，我们通常可以自娱自乐，真没必要上纲上线。问题就出现在你担心你的伴侣不想和你在一起。所以，你要明白这与你无关——对其他人来说也是一样的。这才是解决问题的关键。

———————

有些人需要私人空间，如果你不给他们这样的空间，他们就会觉得自己被束缚住了。

法则
061

男人也渴望收点小礼物

众所周知，女人喜欢有人送鲜花和巧克力。它们是向女人表达爱的经典礼物，这并不仅仅是因为鲜花很美丽、巧克力的造型很可爱，重要的是你表达爱意的姿态。送鲜花给女友意味着你很关心她，想给她爱的礼物以示谢意。

那么，颠覆传统有什么错呢？为什么男人就不能收到这些贴心的小礼物呢？男人也喜欢鲜花和巧克力。⊖男人喜欢任何表明你在想他们，想让他们知道你爱他们的东西。

让我们不要局限于鲜花和巧克力。送你的伴侣一份礼物来表达你的爱，这总是一件好事，即使不是生日或其他特殊场合，也是美好的事。事实上，这尤其适用于不重要的场合。这就是它如此有价值的原因，这不是必修课，而是额外的奖励。

你甚至不需要花钱。如果你知道你的伴侣最喜欢的野花是什么（你不知道？为什么不知道？现在就去找出答案吧），你可以在

⊖ 尤其是巧克力，请给我点果仁巧克力。

每年第一次看到那些野花的时候就摘下来。如果一个爱你的人送给你一年中第一朵雪花莲、风信子或毛地黄，[⊖]那是多么美好啊！或者，你可以为你的伴侣画一幅画，或者为他烤一个蛋糕，或者在他的枕头上放一张贺卡。

你看，你可以给你的伴侣很多礼物，因为重要的是你要表明你在想着他，让他知道你足够爱他。所以，送他礼物不需要理由。你爱他就是最充分的理由。

你上次送礼物给你的伴侣是什么时候？生日、圣诞节、情人节或结婚纪念日不能算在内。你最近一次无理由送他礼物是在什么时候？如果是在上个星期，那你做得好。我希望他会感激你。如果是在上个月，那你做得还不错，但你不够爱他，送礼频率不能更频繁一点吗？你的目标是一周左右送一次，尽管你需要变换一点小花样。如果只是习惯性送礼，那就没什么意义了。每个星期去加油站加油的时候给他买些要凋谢的康乃馨是没有意义的。如果送礼是一个多月前的事，那你今天就需要再送他一些礼物了。快点，放下书，现在就去挑选礼物吧！如果送礼是三个多月前的事，那你就太不够意思了。你先按照这条法则赠送爱的礼物，然后再去阅读其他的法则。

你上次送礼物给你的伴侣是什么时候？

⊖ 显然来自你自己的花园。我知道不应该采摘那些濒临灭绝的野花，或者把野外的花卉连根拔起。

法则
062

保证双方财务独立

我知道很多人会反对这条法则。但你要记住，本书讲的不是我认为你应该做什么，而是做什么会奏效。我见过很多夫妻为钱而争吵，在很多情况下，这是导致分手的原因，但我从未见过这种情况发生在财务分开的婚姻关系中。我只是告诉你我观察到的事实。

真的根本没有必要把你俩的钱凑在一起，这样不会让你取得任何有用的成果。当然，通常情况下，你们会有一个共同的账户，你们都把钱（从各自的收入中支出这笔钱）存入共同的账户来支付共同的东西，比如孩子的衣服、每月的账单或抵押贷款。你们需要在一开始就商定好各自出钱的数额。如果你们中的一个人的收入比另一个人高得多，或者使用汽车的频率高得多，那么，一人出一半可能不公平。

但这只是一个细节问题。如果你们都在挣钱，那么，你们需要就出钱比例达成共识。你可能想把钱存入公共储金，用于共享奢侈品，比如度假。除此之外，你的钱是你自己的。所以，如果你的伴侣想把他（她）所有的积蓄都花在你认为是浮华的东西上，那是他（她）的事。这对你没有影响。这个月的账单已经付清了，用的是他（她）的钱。你可以把钱存起来，或者投资一些有希望的东西。如果你乐意，你也可以花钱买糖果。看到了吗，没有争吵。

如果你们的收入不相等，或者只有一个人赚钱，怎么办？这仍然是可行的。一般来说，如果你们的收入差异很大，最好的安排是按比例分摊共同成本。如果你们中的一个人挣两倍的钱，这个人就得贡献两倍的钱；或者，你们平分账单，但高收入的那个人支付晚上外出或度假等额外费用。你们可以自己解决细节问题。

如果你们中的一个整天在家照顾孩子，因此没有挣到任何钱，那么，挣钱的那个人先要支付家庭账单，然后剩下的钱划出相当一部分（我个人建议一半）给不挣钱的那个人。这不是一份慷慨的礼物或恩惠，而是对无收入的伴侣对"夫妻团队"所做贡献的公平报酬。一个人赚钞票，一个人照料家。你是在拿一部分收入来交换他（她）做饭、打扫房子和照顾孩子的份额。如果一方没有在家里尽自己的一份力，另一方就不可能有空外出去赚到这笔钱，所以，这是共同收入，应该相应地分配。一旦完成了这一操作，你们可以各自将自己的份额存入一个单独的银行账户。

———————

如果你的伴侣想把他（她）所有的积蓄都花在你认为是浮华的东西上，那是他（她）的事。

法则
063

满足感是一个远大的目标

你知道第一次坠入爱河的那种感觉吗？膝盖发软，胃里翻腾，唯爱是图，心中再无其他念想？很棒，不是吗？另外，爱会让你情绪紧张，让几乎所有其他的事情（从工作到吃饭）都变得非常困难。

有些人会恋爱上瘾，只有在"恋爱"中才会有活着的感觉。但是，这种感觉绝不会一直持续下去。迟早你会变得自信，确信不必为你的伴侣担心或发愁，你会习惯他（她）在你身边，这样你就不会一听到电话铃声就跳起来。所以，如果你恋爱上瘾，痴迷于"恋爱"的感觉，你会不断地抛弃旧爱，去寻找新欢。

你可能想知道为什么我总是给"恋爱"两个字加上引号。有两个原因。第一个原因是你不一定非要恋爱才会有这种感觉，而且你可能会被这种感觉误导。这实际上可能是欲望或迷恋，而根本不是爱。第二个原因是我不想暗示，如果你没有这种感觉，你就不爱你的伴侣。

我有很好的理由来解释为什么这种高涨的情绪状态不会永远持续下去。你无法正常工作的状态与紧张和兴奋有很大关系，一段时间后，你们的关系趋于平稳，这必将让你不再像以前那样紧张和兴奋。你们仍然可以一起做一些令人兴奋的事情，但这段亲密关系本身会变得可靠，可望以最好的方式持续下去。

那么，如果你将爱的激情进行到底，这让你晚上睡不着觉，也不去想其他事情，你最终会得到什么呢？当然，这是因人而异的。对有些人来说，剩下的东西并不值得拥有。但对于那些兼具运气、良好的判断力和恋爱法则领悟力的人来说，如果一切顺利，他最终能得到的是满足感。

满足感与烟花、膝盖发软和飘飘然无关。这就是为什么有些人完全没有意识到，尽管满足感的魅力不易被察觉，但也比短暂的激情要有价值得多。对某人感到满足并不意味着你们不再"恋爱"了。这意味着你真心深爱着对方，此处的"爱"不必再加引号。

所以，不要沉迷于初恋的快感。集中精力，确保你遵循了恋爱法则，这样，当第一次冲动慢慢消退时，爱的激情就会被更有益、更友好、更温暖、更充实和更有爱的东西取代。当这种情况发生时，不要想你失去了什么，而要想你得到了什么。这就是满足感，你应该对此感到非常高兴。

———

满足感与烟花、膝盖发软和飘飘然无关。

法则
064

在经济上慷慨相待

夫妻好比同林鸟。所以，如果你的伴侣陷入困境，帮他（她）摆脱困境对你俩都有好处。当我们爱的人遇到麻烦时，我们就会伸出援助之手。这不仅意味着你要献出你的支持、时间、精力和关心，和他（她）住在一起、一起度假、一起吃饭、一起做家务、一起带孩子，然后在钱的问题上划清界限。不，共享的东西恐怕也包括钱。

我不明白为什么这么多人对生活中的其他事情都很慷慨，但对掏钱的事情却精心算计，即使涉及自己的伴侣也会攥紧钱包。如果你的钱比你的伴侣的钱多，就需要支付更多的账单，还要承担更多的款待。事实上，什么都要多支付一点。此事不多言。

你到底要贡献多少钞票？不要数，也不要算总额。没人关心你在伴侣身上花了多少钱，所以不要浪费时间。不要试图回忆他（她）赚更多钱的时候在你身上花了多少钱，也不要计算你的收入有多少花在了他（她）身上。没有人在乎，因为这无关紧要，只是金钱而已。是的，钱财是让你达到某个目标的必要条件（如果你能贡献出多余的钱，问题就解决了），但除此之外，钱财没有你们的关系重要，不是吗？如果不是，也许你应该过一种隐士的生活，白天担心你的投资，晚上蜷缩在床上孤枕难眠，枕头里塞满了钞票。

我并不是说你不应该有储蓄或养老金之类的东西，也不是说你有义务为你的伴侣的赌瘾买单。我说的是多余的钱。如果你比他（她）有更多的钱，你要支付看电影、外出就餐或度假的费用，或者请他（她）吃一些他（她）想吃却买不起的东西，或者给他（她）10英镑帮他（她）渡过难关，直到周末他（她）领到薪水。

当你读到法则098（哦，不，现在不要去阅读，本条法则还没讲完呢），你就会明白，你不应该借钱给朋友，除非你准备打水漂。嗯，就你的伴侣而言，你根本不应该说"借"，除非是一大笔钱。如果你的钱不多，但也有多余的钱可借，你还不如直接给他（她）。他（她）是值得的，不是吗？事实上，他（她）不是值得更多吗？

当涉及你真的付不起的一大笔钱的时候，你应该考虑一下，如果他（她）不还钱会发生什么。你会就此罢休吗？这会对你们的亲密关系造成不可挽回的伤害吗？我建议，如果伤害很大，最好不要借给他（她），除非你确定你能拿回来。但实际上，如果有必要，你最好做好打水漂的心理准备。只要记住这里真正重要的是什么——你爱的人还是你手里的钱？

如果你的钱比你的伴侣的钱多，
就需要支付更多的账单。

法则
065

每天都要做选择

你今天早上醒来的时候感觉如何？我希望你快乐，并准备好迎接另一个激动人心的日子。你对你们的关系有什么感觉？我猜你也很开心，因为你依然在他（她）身边，你们的婚姻也在继续。[○]你知道自己随时都可以离开。如果你不高兴，就可以离他（她）而去。

我知道这可能是一件丢脸的事，或者你担心孩子们，或者你无处可去，或者你怕吓到你的父母。但这并不意味着你不能离婚。这些可能都是你选择留下的理由，但还得看你自己的选择。

每一天，你都在选择维持这段关系。如果事情出了问题，你是选择不去修复关系，还是选择留下来，即使这是一段不可救药的婚姻。想当初，尽管这个人有瑕疵，你也有自己的疑虑和缺点，但你还是选择了和他（她）交往。

所以不要抱怨。这就是我的意思。要么对你所拥有的感到

○ 否则，你干嘛要读这部分内容呢？

高兴，要么选择离开，但不要欺骗自己说你没的选，然后怨天怨地。如果你这样做，就等于放弃了对自己生活的责任。你必须对自己现在的处境负责。如果你对自己的现状感到满意，就意味着你可以给自己一些鼓励，因为这是你应得的。如果你不快乐，唯一能改变现状的人就是你自己，倘若你选择不这样做，那也不是别人的错。

我有一个朋友，他总是告诉我我有多幸运。我很幸运能和自己深爱的女人共度一生，很幸运有一份工作让我有很多时间陪伴孩子。我耐心地向他解释这不是运气。我选了一个好伴侣，我努力建立了一份可以谋生并给我时间照顾孩子的事业，因为这些事情对我来说很重要。我不是随随便便就拥有这种生活的。我并不是说我是完美的，我犯过很多错误，但我的这个朋友总是挑剔我做对的两件事，因为他一直在这两件事上纠结——选错了妻，入错了行。

问题是，这位朋友就是不明白，因为他责怪他的感情生活平庸，责怪他的事业让他没空陪孩子。如果他承认我对自己的生活负责的事实，他就得承认他也要为他的生活负责，但他选择了总是责怪别人或抱怨命运不公或运气不好。这样做容易多了，但很可悲，因为他的问题永远不会消失，他的感情生活永远得不到改善，除非他意识到自己应该承担现有生活的责任。然而，当我们接受我们现有的生活就是我们当初的选择时，无论我们选择享受我们所拥有的，还是决定开辟新的、令人兴奋的方向，都是一种巨大的解放。

————————

你必须对自己现在的处境负责。

法则
066

为爱付出，无须见证

　　这很容易做到，不是吗？我知道，因为如果我不约束自己，我会成为一名可怕的"假烈士"。那种热血沸腾的感觉真是太令人满意了。但有一个问题，你不能让任何人知道你是一名"假烈士"，即使你为了伴侣真的有所牺牲，你也不能告诉他（她）。如果有人发现你在默默地自我牺牲，那你就不算"烈士"。这一点都不好玩，不是吗？

　　那你为什么不让别人知道你在默默付出呢？我来告诉你原因。如字面的意思，默默付出的结果就是没有人会注意到，除非你抱怨。所以，你必须搞出一点点噪声，发出一点点抱怨，从而表达你的观点，不是吗？真正的"烈士"不会这么做。他不会说："好吧，我再去做一顿饭。虽然昨天晚上和前天晚上都是我做的饭，现在再效劳一次也没关系。"真正的"烈士"会露出甜美的微笑，优雅地去做饭。当你感觉被人利用或被人轻视时，这其中会有什么乐趣呢？我甚至听到有人说："好吧，那我就做那个自我牺牲的

'烈士'吧。"哦，不！这不是真正的"烈士"该说的话。

所以，如果你愤怒地走到厨房，气急败坏地说"好吧，好吧，我做饭，再做一次饭"，那你根本就算不上"烈士"。你可以因为做得好而得到一个品行积分，但是，你又因为打小算盘而失去了这个品行积分。你看，这种小心眼的态度是会引发争论的，而不是用来化解争论的。

"假烈士"总是爱生闷气，这是"假烈士"的延伸表现。我们这些恋爱法则玩家不会做这样的事情。哦，好吧，有时我们会疏忽，但我们确实非常努力地避免生闷气（即使我们很享受生闷气的感觉）。当我们生闷气时，我们真的会为此感到很抱歉。装"烈士"和生闷气合在一起，就是一款旨在创造一种氛围并引起一场争论的爱情游戏。这种做法既不聪明也不成熟。

最好推迟晚餐时间，你需要像个成年人一样解释是什么让你心烦意乱，然后再开展一次理智的对话，这样你的伴侣就能以同样的方式做出回应。最好把你的问题（可能是完全合理的，不同于"假烈士"的解题思路）开诚布公，这样你们都能理智地解决问题。这难道不比装"烈士"好得多吗？

———————

如果有人发现你在默默地自我牺牲，

那你就不算"烈士"。

法则
067

停止诽谤

彼此诽谤和不幸的姻缘,孰先孰后?深情地开玩笑(这是真正值得赞赏的)是一回事,但正在历难的恋情往往以一方或双方的无情诽谤为特征。这就是事情变糟的原因吗?还是说,这已是一种结果?

事实上,这并不重要。重要的是你必须停止诽谤。你可能解决了其他的困难,但如果你不停止诽谤,你们就不会幸福。你们会互相伤害,都觉得没有人爱、没有人珍惜、没有人呵护、没有人关心。这既可悲又没必要。

我懂,你这么做只是因为他(她)这么做。你知道吗?他(她)这么做只是因为你这么做。有很多原因(或借口,或理由)可以让你们继续相互诽谤下去,这些原因也许都是可以理解的,但没有一个能让你们幸福。

总得有人打破诽谤模式。那个人就是你。为什么是你?因为你是恋爱法则玩家。所以,这个任务就交给你了。管好你的嘴。

当你想到一些讥讽的恶语、琐碎的批评、尖刻的话语时，请抵制住诱惑，不要说出来。告诉自己，这不是你想要的那种爱情关系，你不会沦为爱情悲剧里的主角之一。

刚开始，你很难憋住不骂人，但请忍耐，一旦你养成了不表达自己刻薄想法的习惯，久而久之，你就不那么想骂人了。过了一段时间，你的伴侣会开始注意到只有他（她）在玩这个"怼人游戏"。如果你能理性地与他（她）交谈，幸运的话，你也能鼓励他（她）把自己的话藏在心里。即使他（她）只是偶尔会憋住不说，你仍然会大大减少家长里短中的"小污秽"。

这肯定是件好事。当你们都看到这些进步时，你们就会拥有更加努力的动力。

如果你们的关系中存在更大的潜在问题，你当然需要解决这些问题。你会发现，如果这个任务没有被随之而来的所有诽谤和消极情绪弄得一团糟，那就容易多了。当你发表评论的时候，你可能会暂时感觉好一点，但从长远来看，这会让你感觉更糟。

理想情况下，你的目标不仅是停止诽谤，而且要用积极、赞美或赞赏的话语取代那些消极的挖苦。那感觉该有多好啊！

———

刚开始，你很难憋住不骂人，但请忍耐。

法则
068

|

你们不必遵守同样的法则

我们每个人都是不同的，如果你的伴侣是你的克隆体，这将是非常奇怪的事情，甚至可以说还有点儿令人担忧。如果你的伴侣和你不同，那么他（她）显然需要不同的法则。这里我指的是狭义的爱情法则。当然，这与本书中的法则以及其他被普遍接受的法则不同，有些法则我们没有写进书里，比如不要伤害对方及其家人。但是，你们双方不必遵循同样的日常法则或原则。

这是公平的。毕竟，不公平的是让一方遵循一条不适合自己、也不需要的法则，仅仅因为这条法则对另一方有效。假设你们当中有一个人恐高。很明显，他不应该爬到屋顶上修补瓦片，也不应该沿着摇摇晃晃的梯子爬上爬下，搬东西到阁楼上。我希望这是不言而喻的事情。

现在假设你们都没有恐高症，但其中一个担心另一个会不会按时回家。发生什么恐怖的事了吗？发生可怕的车祸了吗？有颗炸弹爆炸了吗？这种态度并不是没有道理的，所以应该设定一条法则，如果一方有延误，就得给对方打电话，这样另一方就不用担心了。

如果其中一方不接受这条法则，反驳道："我不明白我为什么要给你打电话。我又没让你给我打电话。"那么，问题就出现了。这是错误的态度。一方打电话的目的是让自己的伴侣感受到爱和关心，感觉自己被放在了第一位。一方需要一个电话来让自己感到爱和关心，这有什么问题吗？

这也适用于其他事情。也许你们中的一个人喜欢用特定的杯子泡茶，而另一个人拿到什么杯子就用什么杯子泡茶。也许你们中的一个很邋遢，而另一个很整洁（你们可以在各自的私人空间里做自己）。也许你们中的一个人讨厌独自社交，而另一个人却觉得这样很舒服。也许你们中的一个人早上心情糟糕，从不先起床为伴侣沏茶或咖啡，而另一个人每天早上都会给伴侣沏一杯茶。

如果你采纳了这条法则，你不仅会感受到爱和关心，还会发现，尽管有些法则看起来不公平（例如，同一个人每天早上先起床），但整个事情基本上是平衡的（也许另一个人在睡觉前整理东西到很晚）。即使不能每天都平衡，也会随着时间的推移而平衡。无论如何，这不是关于什么是公平的法则，而是告诉你如何确保你的伴侣得到他（她）需要的快乐的法则。

———————

一方打电话的目的是让自己的伴侣感受到爱和关心，
感觉自己被放在了第一位。

法则
069

关注伴侣的感受

我在法则 052 中说过，相信你的伴侣能按他（她）的方式行事，不要干涉、唠叨和批评。嗯，我支持这一点。但会有一些事情，你们中的一个比另一个更在乎。如果能让对方开心，你为什么不按他（她）的方式去做呢？毕竟，他（她）的幸福对你来说很重要，不是吗？

我有一个朋友，他总是把尽可能多的盘子放进洗碗机里。他讨厌别人说他做"错"了。他坚持认为把盘子放进洗碗机这件事情没有所谓的"错误方式"，任何试图告诉他不同方式的人都是在不必要地批评他，他对此非常恼火。我碰巧知道他的伴侣喜欢用另一种方式把盘子放进洗碗机。但她选择不向他提及这一点，因为很明显他会觉得她在抨击他，尽管她真正想做的只是确保盘子洗干净。

现在，这不是你跑去找你的伴侣说事儿的借口："我读了泰普勒先生的书，他说你必须按照我的方式把盘子放进洗碗机，因为我真的很讨厌你把盘子堆得太多……" 不，我根本不是这个意思。这是给你的法则，无须你的伴侣遵守。我只是想说，我注意到，在夫妻中，至少有一方（最好是双方）在某一点上选择服从对方，往往会让双方的关系更和谐、更有爱、更友好，也让双方更快乐。

如果你强迫你的伴侣就范，就违背了这条法则的全部意义。这是霸凌，不会让你们的关系更幸福。你选择让你的伴侣随心所欲，是出于考虑周到和体贴入微。这与公平或对错无关。这是一种爱的姿态。因此，这一点非常重要。所以，请注意，如果你这样做是出于正确的原因，那么，它会让你自我感觉良好，同时也会帮助你的伴侣减轻一点压力。

下面回头说说我的这位朋友，他的伴侣容忍他随心所欲地往洗碗机里装东西，虽然这让他的伴侣暗自恼火。她觉得很痛苦吗？她感到沮丧吗？实际上没有。她爱他，她很高兴为他做出这样的让步，即使这意味着她要重新洗一部分盘子也没关系。而且，她告诉我，这给她的感觉比她按自己的方式堆放盘子的感觉要好得多。而他甚至都不知道她的这些心路历程。

当然，在很多情况下，你可以让你的伴侣知道你做了退让，按他（她）的方式行事，我希望他（她）也会为你这样做。这会给你们带来很多美好的感觉，也会减少引发争吵的事情。

————

这是给你的法则，无须你的伴侣遵守。

法则
070

换位思考，彼此理解

　　你可能认为你很了解你的伴侣。你大部分时间都和他（她）在一起，你们一起分享生活中所有重要的事情，你们谈论自己和彼此的感受。是的，你可能比任何人都了解他（她）。但不要被这种想法蒙蔽了，自认为对他（她）了如指掌。

　　想想那些你没有告诉你的伴侣的想法、主意和感受。也许这些念头只是不够重要，也许你感到尴尬，也许那是如此遥远的记忆，以至于你没有想到要拿出来分享，也许你自己也不理解那些情绪。是的，也许有一些是你不想让他（她）知道的秘密（我希望不是太可怕的秘密）。

　　其实你的伴侣对你还有很多不了解的地方，反过来也是一样的。有些事情你不知道，有些事情你知道，但你没有意识到其重要性、相关性或持久的影响。所以，你不能对他（她）做任何假设，尽管他（她）是跟你相处时间最长的人，也是你最了解的人。

　　这意味着，当你的伴侣心烦意乱、沮丧、受伤、紧张或焦虑时，你不能用自己的标准来评判他（她）。你需要试着从他（她）的角度看问题。无论你们是在争吵，还是他（她）因为你认为很容易的事情而感到压力，你都需要站在他（她）的角度，理解他（她）的感受。鉴于你对他（她）的了解，你应该能够弄清楚他（她）是如何产生这种观点或情绪的，即使同样的情况会让你产生不同的看法。

我发现，你认为你的伴侣会以你预期的方式做出反，因此你总是沾沾自喜，但是，当他（她）没有这样做时，你就会受伤、心烦或沮丧。你可能认为他（她）很乐意去借一个朋友在意大利的公寓度假，那他（她）为什么这么不情愿呢？你希望他（她）看到你显然需要用他（她）的车，所以有什么问题吗？你以为他（她）会喜欢惊喜派对，那他（她）为什么要跟你怄气呢？

你的伴侣不会为了好玩而随意找茬。他（她）不想感到压力或沮丧，也不想和你闹翻。因此，他（她）看似不理性的、毫无征兆的行为必然是有原因的。你需要思考是什么原因导致他（她）走到这一步。

一旦你能以他（她）的方式看待事物，你就会发现，突然间，一切都变得更清晰、更容易处理，通常你的怨恨或挫败感会被同情和理解取代。这是解决任何问题的最佳方法。

你的伴侣不会为了好玩而随意找茬。

法则
071

姻亲是婚姻的一部分

如果你非常幸运的话，就会有令人愉快的姻亲，你们会相处得很好。这一点我做到了，并把他们视为我最亲密的朋友。但这种情况很少见。更常见的情况是你的姻亲会给你带来压力和挫折，至少时不时会这样。当然，不仅是公公婆婆，还有连襟和妯娌，以及这个庞大家族的其他成员。

姻亲就像你自己的家人一样，不是你能选择的。只是你不能轻易对他们说出你的想法，你不能享受到与自家人之间通常存在的潜在情感的好处（尽管自己家人之间也有摩擦）。当然，只是有时候在你和自家人真的没有任何潜在的感情的情况下，你可以切断与他们的联系（通常这是违反法则的方法，但偶尔是必要的）。然而，你不能切断与姻亲的联系。你真的被他们牢牢地拿捏住了。

问题是，你不能选择退出。他们是你的伴侣的人生的重要组成部分，无论他（她）是否经常见到他们，他（她）都需要你的参与。不管你的伴侣是想让你加入庆祝活动，还是想让你在冲突中支持他（她），你都必须参与进来并给他（她）所需要的东西。

即使你不想看到你的姻亲，你也不能退出。如果你缺席你的伴侣的人生的核心部分，那么，这对他（她）来说是不公平的。如果你看到你的姻亲就感到压力（我知道，这是可能的），你需要想出一些策略来渡过难关。不如你和你的伴侣花点时间一起收集你们和姻亲相处的压力时刻，然后分享出来，比一比谁更会吐槽对方的姻亲。看看谁能从妯娌那里收集到最傲慢的话，或者从连襟那里收集到最嚣张的话。看看是谁见证了岳母（或婆婆）最令人印象深刻的戏剧女王"附身"时刻，或者岳父（或公公）最自以为是的评论。

别忘了你的伴侣也有姻亲。没错，他（她）和你的家人交往，就像你和他（她）的家人交往一样。所以，如果这条道路并不完全平坦，你要尽可能地让他（她）轻松。永远不要和你的家人站在一起反对你的伴侣，无论如何都要支持你的伴侣。如果你自认为你的家人可能是对的，你可以稍后私下讨论。你是在保护你的伴侣不受你的家人批评或压力的影响，而不管孰对孰错。

姻亲对许多夫妻来说是一个棘手的问题。在这方面最有效的做法就是：双方都要认识到自己无法逃避和姻亲斗智斗勇的社交游戏。双方所能做的就是抓住游戏的精髓，并尽可能地诚实以对。

如果你缺席你的伴侣的人生的核心部分，

那么，这对他（她）来说是不公平的。

大事要谈，小事要谈，没事也要谈一谈

如果你与你的伴侣不互相交谈，你们怎么知道彼此的想法和感受呢？说话是人类传递信息的方式。你需要知道你的伴侣在想什么，否则，你怎么能知道真实的他（她）是什么样的？他（她）的动机是什么？你怎么做才能让他（她）像你期望的那样快乐呢？

当我们遇到麻烦或困难时，我们需要通过交谈来渡过难关。问问任何一个情感咨询师，他们都会告诉你，没有良好的沟通就没有希望。所以，一旦你感觉遇到了麻烦，无论大小，都要拿出来谈论。不要在这件事上争强好胜或怨天怨地。不要警示你的伴侣应该如何思考或感受，那是他（她）的事，你只要让他（她）知道你的想法和感受即可。

这条法则不仅适用于大事，也适用于日常琐事。你需要知道你的伴侣今天做了什么，他（她）是怎么想的，他（她）对明天的面试、会议或社交活动有什么感觉，他（她）是否赞同报纸上的某篇文章或新闻上的某个故事。你们需要定期沟通，以便彼此保持密切联系。

有时候，你只想握住对方的手，冷静下来，思考自己的想法。但是，你需要确保每天你也花大量的时间和你的伴侣交谈，听他（她）说什么。这一切都很迷人，因为你的伴侣很迷人。即使此时的话题没有引起你的兴趣，你仍然想去了解更多关于他（她）的信息：什么对他（她）很重要？什么会惹他（她）生气？什么会引起他（她）的兴趣？什么让他感到好奇或沮丧？

当然你也想要回报。如果你想让你的伴侣爱你，就给他（她）一些继续爱你的东西，让他（她）知道真实的你是什么样的。我们的情绪是由想法和感觉组成的，你需要把这些传递给你的伴侣，从而确保他（她）知道如何取悦你、宠爱真实的你。

当然，这并不是说你有权去惹恼你的伴侣。如果你知道他（她）对板球法则的亮点或购物之旅的细节无动于衷，就不要把这些强加给他（她）。当你说话的时候，你的目标应该是激发兴趣、制造娱乐、传达信息、逗乐、解说，尽可能做到妙趣横生。你的伴侣会在接下来的几年里一直听你说，所以，你一定要好好说。这条法则并不是让你没头没脑地叽叽歪歪、胡扯八道或喋喋不休。你既要注意交谈的次数，也要注意交谈的质量。你是你的伴侣最好的朋友，所以你要确保自己是他（她）随时可以找到的最佳倾听者。

当你说话的时候，你的目标应该是激发兴趣、制造娱乐、传达信息、逗乐、解说，尽可能做到妙趣横生。

第三章

家庭法则

　　现在，我们已经看了很多重要的法则，比如，如何找到你爱的人，如何与你的伴侣保持美好的亲密关系，甚至如何体面地分手（如果真要走到这一步的话）。如果一切顺利，你的伴侣将是你生命中最重要的人。即使孩子们长大了，离开了家，你仍然会和这个世界上你最爱的人在一起。

　　当然，如果你只爱一个人，生活就没有乐趣了。这对我们大多数人来说是很难做到的。你需要去爱很多人，这就是本书接下来要讲的内容。本章是关于家庭的话题。我们大多数人都非常爱自己的家人，但尽管如此，有时他们还是很难相处。也许是因为我们跟他们耗上了。你可以不再做别人的朋友，但你不能不再做他们的兄弟、侄女、姑婆、孙子或父亲。

　　所以，这里有一些基本的法则。不管你是否已经拥有一个亲密的家庭，或者你的家族是否充满了复杂的关系和微妙的敌意，这些法则都可以帮你更好地爱你的家人。

不要责怪你的父母

大多数人在小的时候都认为自己的父母很擅长为人父母的角色。除非他们真的糟糕透顶，否则我们不会认为他们总是不知道自己在做什么。随着年龄的增长，我们会注意到朋友的父母的做事方式有点不同。也许我们很善妒，也许我们觉得自己很幸运，也许两种心态兼而有之。随着年龄的增长，我们可能会意识到自己的父母在某些方面确实出了差错。

这就是发生在我身上的经历。很小的时候，我就意识到我的父亲根本不按常理出牌，他总是一本正经地逆潮流而行。不久之后，我注意到我的母亲以完全不同的方式表现出同样的不可救药，她挣扎着应付我们，或者她竭力想对我们表现出一点感情。

现在，我不得不面对他们，这对我来说已经够糟糕的了。要么我把所有问题都归咎于我的父母，要么我就向前看。我选择承认我的母亲根本就不是做母亲的料，而且对于像她这样的人来说，做 6 个孩子的单亲母亲是一项艰巨的任务。如果命运安排我去过另一种人生，比如，管理一支足球队，或参与某个石油钻井工程，或在一间挤满了 30 个问题儿童的教室里教学，我的表现也会同样糟糕。每个人都有自己做不到的事情。也许我的母亲已经意识到做母亲不是她的专长，但为时已晚。

所以我原谅了她，继续我的生活。这使我免于变得痛苦和扭曲，也让我能够以积极的心态去纠正伤害。如果你真的觉得有人毁了你前二十多年的人生，唯一明智的做法就是确保他不会毁了你接下来的人生。

有趣的是，往往是那些拥有最好的父母的人最难停止指责父母，哪怕是因为一点点小毛病。

如果你的父母基本上都很擅长为人父母，你就会忍不住责怪他们不够完美。但是，他们为什么要完美呢？事实上，你怎么能指望任何人在 18 年里不出一点错呢？

你的父母只是普通人，很有可能在你的人生的某个阶段做了一些让你感到沮丧或难过的事情。当没有经过培训的人在一份工作上干了 18 年，就会发生这种情况。他们偶尔会出点错，但他们已经尽了最大的努力，并且他们也是身不由己。但你可以做到！你可以选择停止责备他们，你要努力去原谅他们。事实上，什么是原谅呢？他们不是故意出错的，况且他们只是犯了点小错。

现在通过责备你的父母来纠正问题已经太晚了，但现在放手还为时不晚，承认他们的出发点是正确的，然后你自己静静地清理任何残余的伤害。

———————

你怎么能指望任何人在 18 年里不出一点错呢？

法则
074

不要让父母控制你的感情

在我们成长的过程中，我们倾向于顾及父母的想法，否则我们为什么要照他们说的做呢？当我们到了十几岁的时候，我们可能会选择叛逆，跟他们对着干，但我们仍然想要得到他们的爱和认可。

童年时代的默认倾向是根深蒂固的。一旦我们长大，这种情感倾向就很难逆转。即使你是一名 45 岁的公司董事，当你的母亲批评你，或者你的父亲拒绝承认你的成就时，你很可能会觉得自己是个渺小的、差劲的失败者。

我认识一个人，他神魂颠倒地爱上了一个很棒的女人，花了很长时间犹豫要不要娶她。他的朋友们不明白他为什么不急于娶她。那是因为他的母亲不喜欢她。怎么会有人让这样的小事妨碍自己的终身大事呢？当然，这对他来说根本不是一件小事，他的默认倾向是他在乎母亲的感受胜过他自己的喜好。

现在，如果你有爱你并认可你的父母，父母不支持你做某些事对你来说可能是一个偶然的问题。但是，如果你的父母不认可你、对你吹毛求疵或并不表现出对你的爱，这可能就是你焦虑的一个重要来源。那么，你会怎么做呢？

让你不再需要父母认可的过程既漫长又缓慢。首先，你可以花更少的时间在他们身边——当然不是以一种粗暴的方式，就只要少接触——就一定会减少问题出现的次数。你要不断告诉自己你做得很好，他们的意见对你来说不重要。开始的时候，这似乎是一个毫无意义的练习，但积极思考的力量是非凡的，久而久之，它将真正渗入你的潜意识。

然而，你倾向于认为你的父母在所有事情上都是正确的。在某种程度上，你很清楚这不是真的，但你仍然在很大程度上认为他们的意见是值得采纳的。嗯，也许他们的意见在某些事情上是值得采纳的，但他们对你生活的看法如果是负面的，那就是不值得采纳的意见。就像我的妈妈⊖那样，有些人就是不擅长做父母。这显然包括你的父母。不是你的问题，是他们的问题。认识到这一点会对你有很大的帮助。

有时，了解一下父母为什么在育儿工作中遇到困难，也会有所帮助。你的父母是不是不认可你或不喜欢你？这不是借口，但随着时间的推移，这可能会让你不再需要他们的认可。翻到后面去看看法则088，⊜那条法则也能帮你在和父母在一起时表现得更像一个45岁的公司董事。

还有一件事，如果你的孩子已经成年，请把你的负面情绪藏

⊖ 我想你已经读了上一条法则。
⊜ 好吧，就这一次，我让你跳着读。但不要弄乱了阅读进度。

在心里。你不知道他们听到你说"太棒了！我认为你做得很好"时多么高兴——是的，他们 45 岁的时候和他们四五岁的时候一样高兴。

你倾向于认为你的父母在所有事情上都是正确的。

|

孩子的事情更重要

近年来，我注意到一个令人不安的趋势：父母把自己的幸福放在孩子之前。我说的是那些还不满 18 岁，住在家里的孩子。这一趋势还伴随着一个可怕的表达："自我时间"。

事实是，当你决定要孩子的时候（无论是有意识的选择还是偶然的选择），你的一部分承诺就是把孩子放在你自己之前。你只需要坚持到最小的孩子 18 岁，但在那之前，你的爱好、事业、空闲时间和其他一切都要退居其次。

这里有一个恰当的例子，也是我特别担心的一个问题。孩子们真的很期待和父母一起度假。由于学校、工作和其他一切事务的羁绊，度假通常是获得父母一心一意陪伴的最佳时间。有些父母是怎么做的呢？他们住在酒店里，整个星期都有人帮他们照看孩子，这样他们就可以做自己的事情了。如果孩子们乐意的话，陪伴一个上午是可以的，但不能占整个假期的大部分时间。我知道，养儿育女是个苦差事，但这就是为人父母的本职所在。当你成为父母时，这就是你要承担的责任。

我不是说你晚上不能出去玩，你当然可以出去享受欢乐时光。我并不是说你应该成为孩子的仆人，那对他们和你都不好。他们需要学会体贴，但他们也需要知道他们是你生活中最重要的人。因此，虽然你可能想要或需要工作，但你和你的伴侣至少有一方需要一份大体上有空照顾孩子的工作，而不是从事让你（或你们）长时间离开孩子的工作。

如果你把自己放在孩子之前，不仅没有给他们应得的爱，还告诉他们为自己打算比什么都重要，相信我，这种人生哲学是不会让他们开心的。

你知道吗，我认识的那些真正理解这条法则的父母甚至都不想要所谓的"自我时间"。因为对他们来说，最宝贵的时间就是和孩子在一起的时间。把自己放在第一位，花时间"发现自己"，是不会让孩子快乐的。如果以牺牲孩子为代价，孩子会不高兴的。有些人让孩子占据自己大部分的空闲时间，把孩子看得比自己重要，这让他们成为我所见过的幸福的父母之一。

我知道，养儿育女是个苦差事，
但这就是为人父母的本职所在。

法则
076

真没什么值得你大动肝火

　　我的母亲和我的祖母在后者生命的最后 15 年里基本不说话。有些家庭就是这样，关系紧张，兄弟姐妹不说话，表亲们都失去了联系，甚至没有人知道彼此的地址。

　　这是家族遗传的习惯。如果你成长在一个与亲戚长期不和的家庭中，这往往会成为常态。这意味着，如果你不再和自己的父母说话，你的一个孩子可能会有 20 年的时间里不跟你说话。如此，我们向孩子展示了一种非常幼稚的行为模式。遗憾的是，有些人就爱这样做。

　　亲戚之间宁愿断绝往来也不愿解决矛盾，这真的有点可悲。而且在我们需要时，最终没有父母、兄弟姐妹或表兄弟姐妹伸出援手，这也让人感到悲哀。

　　良好的家庭关系是最强大的亲情关系。当事情出了问题，你的家人应该比任何人都更可靠、更长久地帮助你渡过难关，他们可以为你长期遭罪。[○]并不是每个人都是这样，但最好的情况是这样。无论你是受重伤、离婚、失业、丧偶、房屋被收回、面临法庭诉讼、酗酒，还是有一个病入膏肓的孩子，你的家人都会支持你，即使他们并不真正赞同你的做法，也会一连支持你几个月或几年，直到你重新站起来。

坦白地说，这对你来说是非常有价值的，甚至值得你原谅和忘记任何诱惑你拒绝和他们说话的事情。因为这是你们的约定。如果你想让你的家人支持你，你就得支持他们。这就意味着，你要放下他们曾经给你带来的挫折和焦虑，忍受伤害而不进行报复。你还要意识到，那些不再相互交谈的家庭是在你遇到麻烦时将你抛在一边的人。

不管你的姐姐做了什么，或者你的叔叔说了什么，或者你的女婿怎么想，都不值得为此拆散家庭。当然，你可以在几周之内礼貌而谨慎地与他们保持距离，直到你不再生气，但不要切断彼此的联系。如果你切断了联系，就会失去一个充满爱的家族的支持和力量。他们可能会在折腾得起的年纪与你争吵不休，但是，当你真正需要他们的时候，他们就在你身边供你依靠。

如果你想让你的家人支持你，你就得支持他们。

○ 是的，我知道"遭罪"不是表达受苦的常用词，但也算个词。

法则
077

不要冲着你爱的人大喊大叫

这是我经常提醒自己的一条法则。我并不完美，在这一点上也很挣扎，但我知道这条法则是正确的，我很羡慕那些能够轻松做到不大喊大叫的人。

冲着别人大喊大叫从来都没有什么用，除了有时能让你暂时感觉好一点。就是这样。大喊大叫不能更快地解决问题，或者使另一方更合作，或者帮助你们中的任何一方理性地思考。通常大喊大叫的人只是为了发泄一下。

然而，这会让你看起来心胸狭窄，不能控制自己，并且受下意识的情绪支配。这会引起对方的戒备心，可能还有怨恨，或者让对方产生不被爱的感觉。你其实可以选择好一点的发泄方式。

现在，我假设你阅读到这里的时候还没有陷入家庭争吵。我希望你感觉很放松，蜷缩在沙发上或床上，享受一段和平与平静的愉快时光。所以，趁着你在放松，现在就做点什么：想想你爱的人；想想你伴侣的笑脸；当你需要有人陪你聊天的时候，你的妈妈就在电话的那头；想想你的孩子正处于最可爱的时期；想想你爱他们的原因，以及他们有多爱你。记住他们在你需要的时候为你所做的一切；记住他们在你无人陪伴的时刻让你欢笑、思考，给你希望，鼓励你坚持不懈，帮助你梦想成真。

你真的想冲他们大喊大叫、贬低他们或对他们进行言语攻击吗？当然不想。现在，当你感到快乐或回忆美好往事的时候，你想用一些明智的、理性的、充满深情的话语来解决未来所有的分歧，不是吗？

天哪，我不是想让你为过去的大喊大叫感到愧疚。这样做对任何人都没有帮助（尤其是对我）。我只是想让你想一想，如果你不再冲着你爱的人大喊大叫，那该有多好。当然，这样的事情不太可能发生。但如果你能有意识地停止咆哮，比起你只是接受吵闹也是家庭生活的一部分，效果会更好。真的不必如此。我认识一些家庭，家庭成员之间从不互相吼叫。嗯，他们几乎从来没有互吼时刻。

如果你有意识地闭嘴，你至少可以少吼几声。我说的"有意识"指的是你要意识到争吵的触因，这样你就可以尽量避免争吵，注意到自己什么时候大喊大叫，告诉自己这不是你想要做的。当你开始减少咆哮时，你通常会发现家里的其他人也会这样做，至少在某种程度上是这样的。这意味着家人冲你大喊大叫的次数也会减少，这绝对是件好事。

————————

如果你有意识地闭嘴，你至少可以少吼几声。

法则
078

无论如何，善待你的家人

生活中有些事情比其他事情更伤人。当你爱的、本该无条件爱你的人对你不公平或让你失望时，那就切中要害了。所以，如果你的亲密家人表现出无礼、偏袒，或者对你缺乏尊重或理解，这真的会让你感到刺痛。

如果发生了这种情况，你会怎么做？嗯，这真的很难，因为当你受到伤害时，第一本能（像野生动物一样）是猛烈抨击，或者躲起来舔舐你的伤口很长一段时间。

但你是爱的法则玩家，不是野兽，所以你不会这么做。不管这有多困难（孩子，这可能真的非常非常困难），你都必须找到那个小小的道德制高点，并坚定地站在上面。

是的，我知道，你的家人可能真的太过分了。但你也要记住，家人之间存在着诸多的历史问题，我们更容易带着私人感情去处理事情。如果你的朋友在最后一刻取消了一天的约会，你可能会有点生气，但你很快就会恢复过来。然而，如果你的母亲或父亲在最后一刻掉链子，那么，你会觉得他们错过了你的毕业典礼，或者他们总是临时推迟你的茶话会，或者他们似乎总是对你的失望不屑一顾，却永远不会对你的兄弟这样做（至少在你的记忆中是这样的），你会对此感到愤怒。这是一种更深层次的拒绝。

假设一下，你的压力超出了自己承受的范围，你会觉得你的家人在占你的便宜，或者辜负你，或者让你觉得自己微不足道，或者把你视为理所当然。

你很想以同样的方式回应。你想辜负他们、欺骗他们，或者像他们挖苦你一样讥讽他们，以此来报复他们。

然而，如果你这样做，你们就会陷入相互指责的漩涡，这只会导致更多的争吵和不愉快。如果你遵守爱的法则，就不能这么做。爱的法则玩家也不可以逃避。不要出去找一个地方躲起来，在大半年的时间里切断与外界的联系。事实上，在这种情况下，你唯一能接受的行为模式就是把自己置身于这些鸡毛蒜皮的琐事之外，把这些伤害你的家人当成朋友看待。换句话说，带着理解、同情和一点点宽容去善待他们。

这不仅仅是道德上的正直和荣耀。这也是打破恶性循环，与家人建立更好关系的唯一方法。是的，家庭内部的事情有时会很难解决，但这是你唯一的家庭。如果你现在的朋友辜负了你，你可以去寻找新的朋友，但你的家庭永远只有一个。

己所不欲，勿施于人。如果你做了其他事情，当你的家人也对你做同样的事情时，你就没有理由抱怨了。做一个树立正确榜样的人，并向他们展示你是如何成功摆脱一切琐碎杂事的羁绊的。

———————

把这些伤害你的家人当成朋友看待。

法则
079

永远也不要说"我早就告诉过你"

这条法则和本书中的许多法则一样，我不知道应该把它放在哪一章。但根据我的经验，这句口头禅在家庭中使用得最多，比如，兄弟姐妹之间、父母对孩子、姻亲之间。所以，这条法则可放在本章。不过，它适用于任何一种关系，从你最亲密的伴侣，到你最疏远的熟人。

让我来澄清一下。如果你说出了"我早就告诉过你"，就等于放弃了道德制高点（参见本书附加法则"分手法则"之法则004）。为什么？因为在你说这话之前，你很清楚你这么做只是为了让别人感觉更糟。更重要的是，你试图让他们对已经很糟糕的事情感觉更糟。你的目的是在他们失意时再踹他们一脚。这是爱的法则玩家该做的吗？当然不是。

这条法则就讲到这里，剩下的页面留白吧，因为关于该话题，我已没什么可说的了。

───────

如果你说出了"我早就告诉过你"，
就等于放弃了道德制高点。

法则
080

|

不要因为家人不计较就吵吵闹闹

当你的家人表现不佳时，我们有一些法则来应对。但你也是这个家庭的一员，有时候，你自己也并不完美。因此，这里有一条对你的家人有益的法则，我希望你能遵守，你的家人也能遵循。

导致家庭出现问题的原因之一是我们有时会以自己从未想过的方式对待自己的家人。他们理应生气。如果你的朋友让你进屋前脱鞋，你就得照做。但如果你的家人这么要求，你可能会说"你不该把房子看得比人重要"，或者"穿鞋进屋也挺好，我的鞋子很干净"。这是完全不公平的，你的母亲或兄弟等人理应生气。他们的朋友都不会大惊小怪，你敢这么吵吵闹闹，只是因为你知道家人不会跟你计较，但这不公平。

这是一件小事，但在大事上，家人也会互相施压。父母在抚养孩子的问题上给成年子女施加压力："你不应该让他们看那么多电视。""那个孩子需要多一点管教。""你应该快点组建一个家庭。"我想你不会对你朋友的孩子说这样的话,那你为什么要对你自己的孩子说呢?对你自己的孩子来说就更困难了,他们不想让你失望,但他们对如何管理自己的生活有自己的想法,他们也应该有自己的主见。

兄弟姐妹也会给彼此施加压力。事实上,那可能是最糟糕的,因为即使是成年的兄弟姐妹也会争夺父母的关注。父母们要注意了,你们必须确保自己对待成年孩子的态度和他们小时候一样公平。

阿姨、叔叔、姻亲和祖父母也会玩这种施压游戏。不管是谁这么干,都不好。这既不合理又不公平,而且会让你的家人处于紧张的状态。他们不想破坏与你的关系,但实际上,他们并不乐意做你要求他们做的事情,你也知道这一点。

我的一个朋友最近非常沮丧,因为她姐姐一家周末来拜访,并征询是否可以为他们的两个孩子每人带一个朋友。我的朋友很不情愿,因为空间已经很紧张了,她真的不喜欢四个孩子在她的小房子里乱窜两天。她向她的姐姐解释了这一点,她的姐姐却很生气,说这对孩子们不公平,如果他们不介意挤在小房子里,那又有什么关系呢?我的朋友不愿意为此辩解,毕竟这是她的房子,她是个热情好客的人。而我则表示同情,毕竟,如果这位来客不是家人而是朋友,那么,朋友在提出要求之前会三思而后行,当然也会优雅地接受对方的拒绝。

我们为什么要这么做?也许是因为血缘关系,所以我们觉得没什么大不了的。不管是什么原因，我们都需要家人的尊重。只是该由你来迈出第一步。

————————

你敢这么吵吵闹闹，
只是因为你知道家人不会跟你计较，但这不公平。

法则
081

不要因为你太忙就冷落你爱的人

对于这条法则，我和很多人一样深感愧疚。我们很容易这样想："我累了，明天再给他们打个电话。"不知不觉，十几个"明天"都过去了，你还没有打电话。

这真的不够好。如果你想和你的家人建立牢固的关系，就必须努力，就像你和你的伴侣做的那样。这就意味着你要在其中投入时间。即使他们住在很远的地方，你也要找时间去看他们，要每隔一段时间就给他们打一次电话，保持联系（写一张备忘录提醒自己）。我们很容易陷入"良性忽视"。你不是故意三个月不说话的，事情就这么发生了。好吧，不要让这种事情发生。

当然，在找时间方面，你的家人可能并不比你强，他们甚至可能更糟。但这并不能让你摆脱困境：两个错加不出一个正确。如果他们在这方面不作为，那你就更有理由去努力了。否则你最终会发现，你的家庭已经名不符实了。那真是太可悲了。

所以，请原谅你的姐姐找不到时间打电话，原谅你的父亲心不在焉，请你主动打电话或去拜访。他们会感激你这么做，你也会为自己这么做而高兴。

每个家庭都有自己的"迷途羔羊"，他们不告诉任何人他们要去哪里，而且很长时间都失去联系。每个家庭也都有自己的"牧羊犬"，他们把所有人都召集起来，数一数，检查大家是否没事。不要因为你做的工作比别人多而怨恨。这就是世道，重要的是，你们之间要尽可能多地保持联系。

当然，当他们经历困难的时候，你需要在他们身边，你懂的。但作为家庭中的一员，你真正应该擅长做的是在他人疲于当下而开始新的生活时继续提供支持。当你的家人经历危机时，他可能需要几个月甚至几年的支持。大多数朋友会在他度过紧急危机之后迅速忘记，因为这些朋友还有其他朋友的其他危机需要处理，但你会一直陪伴在他的身边。

当然，有时这意味着你要任劳任怨。你要放弃你为其他事情预留的时间。当你筋疲力尽想去睡觉的时候，你得听一个小时的电话。但这就是互相关怀的意义所在，希望他们到时候也能为你做同样的事。

————————

有时这意味着你要任劳任怨。

法则
082

培养感情需要付出努力

你可以为最亲的家人腾出时间去培养感情，但也要努力去建立新的家庭关系，因为新的家庭关系不是凭空出现的。

多年前，我和一位女同事的一次谈话给我留下了深刻的印象。她告诉我，她有一个比她小 15 岁的弟弟，当他开始上学的时候，她已经离开了家。她总是后悔自己没有更努力地和他培养感情，因为现在他们都是成年人了，她觉得自己几乎不了解他，这让她很难过。

我自己有一个庞大而多元的家庭，对此我完全可以感同身受。我们很容易与年龄相近的兄弟姐妹建立联系。无论我们的生活把我们带到哪里，在生命的前 15 年或前 20 年建立起的这种感情纽带，会让我们永远不会失去这种联系。但是，那些不那么亲密的家人呢？

当你有了自己的孩子时，你会立即感受到一种亲子关系（希望如此）。但是，如果那不是你自己的孩子，尽管你彬彬有礼、故作踊跃，但你内心深处还是会认为那只是别人家的孩子。你可能喜欢孩子，也可能讨厌孩子，但不管怎样，你和新出生的侄女、比你小得多的同父异母或同母异父的兄弟姐妹，或者外甥孙、侄孙之间的联系很少是瞬间形成的。

培养感情需要你投入时间。不仅仅是自然流逝的时间，还有你花在陪伴家庭新成员身上的时间。如果你住在你姐姐的隔壁，你很快就会和她刚生的小宝宝建立感情。但如果你姐姐家离你家很远，你又想和你的侄女或侄子建立牢固的关系，那你就必须努力去花点时间和你的姐姐在一起。

没有法律规定你必须和你的大家庭保持牢固的关系。但家庭关系有其特殊之处，值得培养感情。和你姐姐的孩子建立牢固的关系会改善你和你姐姐的关系。你和家人的感情越好，空气中就会洋溢着越多的爱，这真是一件好事。

与此同时，你的经历和能力都是有限的。如果你有一个大家庭，可能大家的生活区域很广，显然你不可能和所有人都那么亲近。在这种情况下，你要有意识地找出哪些人是你的优先级，并努力与他们建立你想要的关系。否则，良好的亲戚关系不会如约而至。

记住，一切都不会太迟。我有几个比我年长一代人的亲戚，我小时候几乎不认识他们，但长大后仍然和他们很亲近。所以，有时候这些优先级会发生变化，一旦你觉得与一些家庭新成员建立了牢固的联系，你们分开的时间长一点也不会有影响，你可以把更多的精力放在抚育下一代身上。

————————

培养感情需要你投入时间。

法则
083

叛逆会带来独立

你的孩子过得很轻松。你给了他们食物，为他们支付账单，还提供一张舒适的床。嗯，也许你希望他们做出贡献，但这与他们离开家所花费的时间和金钱相比，根本不算什么。

那他们为什么要离开家呢？从理论上讲，他们没有理由走向这个广阔的世界，但渴望在你不知情的情况下，为了自由和隐私而做一些事情（也许你最好不要想太多，但没关系，相信我）。这是他们必须做的事情，因为他们要保持头脑清醒，也让你保持神志正常（天哪，真的可以吗）。这就是为什么他们创造了一套万无一失的机制，让他们从舒适和安全的家庭中迈出可怕的一步，走向债务和责任。这叫叛逆。当然，他们可能会在真正离家之前的几年完成叛逆的过程，但在某种程度上，他们需要在真正离家之前给你们的亲子关系带来翻天覆地的变化。

是的，他们必须找个借口来拒绝你所支持的一切，以便给他们自己动力，让自己摆脱烦恼，继续自己的生活。他们需要和你争论，直到他们觉得那个可怕的大世界比你们待在一起的小窝更有吸引力。

如果你原谅和理解他们，离家对他们来说可能很难。他们打了耳洞，你却连眼皮都不眨一下。所以他们想打舌孔，但你告诉他们这是他们自己的选择。嗯。接下来怎么办？每次你让他们自己收拾东西，他们都要回应吗？如果他们抽烟呢？如果他们说脏话呢？他们一定能做些什么来激怒你。

你不妨妥协一下，让他们和你好好争论一番。他们不能得逞就不会放弃，你懂的。他们会吃光你所有的食物，把音乐开到最大音量，把头发染成绿色。就像我说的，他们天生就有叛逆倾向。到头来崩溃的是你自己。

但还有什么选择呢？我来告诉你吧。没有经历过叛逆期的孩子永远无法真正摆脱束缚。这让他们的生活更加艰难，从长远来看，对你来说也更加棘手。有时他们会找到一个好伴侣，慢慢地把焦点从你身上转移开；有时他们不会。但整个叛逆过程需要更长的扭转时间。最后他们会发现，独立比不独立要困难得多。

当然，你不能让他们反抗。但你可以设置一个小障碍，激起他们的反抗欲望，如此，他们会更容易做到这一点。他们可能会辱骂你，或者他们可能会彬彬有礼，但从不告诉你他们在做什么，或者他们沉迷于你不赞成的习惯。叛逆的方式有很多，你的孩子会找到他们自己独特的叛逆方式，如果他们找到了，你就应该庆祝，并给他们想要的一切帮助。

———————

你不妨妥协一下，让他们和你好好争论一番。

法则
084

他们不必和你一个样

你长得和你的妈妈、你的父亲、你的兄弟姐妹或你的孩子一模一样吗？不，当然不一样。你可能有妈妈那样的鼻子、爸爸那样的笑容或妹妹那样可爱的小脚趾，但是，尽管你与他们都有一部分相同的基因，[⊖]但还有一部分完全不同的基因。你是独一无二的。我总是告诉我的孩子们（当然是玩笑话）："你不是我的孩子。你只是我的半个孩子。"

性格也是一样。你可能很难像你的兄弟一样表达情感，或者像你的母亲一样近乎神经质的整洁，但你的个性特征组合是独一无二的。

那么，为什么我们认为我们的家人对事情的看法会和我们一样呢？或者，当他们做了我们不会做的事情时，为什么我们会生气或不赞成呢？我们大多数人不仅倾向于把我们的家人视为理所

⊖ 允许有小误差。遗传学家请不要写信来反驳。

当然，而且我们很少做我们该做的事情。现在停下来想一想："现在这件事发生了，妈妈会做何感想？我要做什么或说什么才能让她感激呢？"注意，重点是你的家人想要什么，而不是你想做什么。

我有一个朋友，他的爸爸养了一只狗，并和这只狗形影不离。他们到哪里都在一起。后来，狗死了，我的朋友急忙去给他的爸爸买了一只狗。因为如果我朋友的狗死了，他会去再买一只。但对他的爸爸来说，这是完全错误的做法，后者悲痛欲绝，无法接受新买的狗。他需要时间来接受失去他的四条腿的挚友的现实。现在，如果我的朋友停下来想一下他爸爸的处境，就会意识到这一点。

所以，请不要因为你不关心某件事，就认为你所有的家人都会有某种感觉，或者暗示他们不应该关心某件事。这只是制造不必要的摩擦的一种方式。这是为什么家庭关系比朋友关系更棘手的另一个原因（我们不期望他们和我们一样），而家庭关系本应该更容易处理。我不知道为什么大家都为家庭关系犯难，但我们应该停止这样想。

所以，如果家族里发生了出生或死亡、麻烦或欢乐的事件，抓住机会问问最亲密的人，他们想如何庆祝新生宝宝、哀悼逝者、解决麻烦或纪念快乐时刻。别再假设他们会想要你想要的东西，"因为史密斯先生⊖就是那样的人"。你可能不主张 40 岁以后还庆祝生日，但如果你的孩子或兄弟姐妹想这么干，那就给他们寄张

⊖ 史密斯是我随手拈来的名字，我怎么知道你叫什么呢？

卡片或打祝福电话，至少表明你记得他们的生辰。还有，不要拿孩子们做比较，比如："如果你能像你的妹妹那样多流露一点你的情绪就好了。"

你不能改变他们的性格，也改变不了你自己的个性，你只能记住他们是不同的，并珍惜他们本来的样子，包括所有缺点。希望他们也能这样对待你。

———

别再假设他们会想要你想要的东西。

接受你的家人有缺点

通常，我们为家人设定的标准比其他任何人都高得多。我们知道，有的朋友可能有点唐突，有的朋友不善于倾听，有的朋友不可靠。但我们大多数人都期望我们的父母和兄弟姐妹表现完美。也许是因为我们总能找到另一个友好的、善于倾听的或可以依靠的朋友。然而，我们的父母或兄弟姐妹是无法替换的，所以他们每个人都要符合你设定的一切条件。

你细想一下，这样想是不明智的。但大多数时候，我们也不会去想它。如果我们的家人不完美，我们就会生气。然而，你的家庭和我的家庭一样，都是由不完美的人组成的。我知道这一点，因为每个人都是这样。

我们要现实地看待家人的缺点，他们要么有这个缺点，要么有那个缺点。你的家人不完美是正常的，也是可以预料的。更重要的是，你从来不会抱怨朋友的错误，而只是抱怨家人的错误，这是不公平的。是的，我知道，你可以选择你的朋友，但你不能选择你的家人。但我们都会选择有缺点的朋友，并原谅他们。而对于不能选择的那些人，我们常常很难原谅他们的错误，他们就是把我们搞得焦头烂额的家人。

为什么你的兄弟姐妹的过错比别人的过错更让你恼火呢？因为他们和我们来自相同的背景，我们认定他们的成长方式与我们的成长方式一样，并且拥有和我们一样的机会。我有一个朋友，她总是抱怨她的姐姐来家里时从不帮忙做饭或洗碗。我的朋友似乎认定，如果一个人和别人在一起时懂得帮忙干活儿，那一定是从他父母那里学来的。因此，从逻辑上讲，她的姐姐也应该从父母那里学到了这一点。

显然，这是双向的，因为我们从小学到的东西并不相同。作为父母，你可以告诉你所有的孩子同样的事情，有些人会明白，有些人则不会明白，因为他们是不同的个体。作为父母，你会非常宽容，因为你爱他们所有人，你能理解为什么有人会觉得某一学科比另一学科更难学。

作为成年的孩子或兄弟姐妹，我们没有那么宽容，但我们不应该这样。你的家人的错误可能总是比你朋友的错误更让你耿耿于怀，但至少你要认识到那是你的问题，而不是他们的问题。

————————

你的家庭和我的家庭一样，
都是由不完美的人组成的。

法则
086

|

关注家人真实的样子

你需要学会接受的不仅仅是家人的缺点。对他们来说，你的意见比大多数人的意见更重要，所以，很有必要让他们知道你接受他们真实的样子，不管他们原本是什么样子。

如果你主张过着简朴的生活，不想积累财富，那么，当你的妹妹决定成为一名商业银行家时，你会感到很难受，但这是她的选择。对你来说，重要的是她所持有的价值观，而不是她的职位与头衔。当然，你可能很难接受她的职业，但这不是她的错。这是你需要接受的事情，而不是她需要改变的事情。

在一些你比你的孩子、兄弟姐妹或父母更看重的原则上，你和他们持有不同的意见。也许你的孩子堕胎了，或者你的兄弟决定和他们的伴侣非婚同居，或者你那离婚（或丧偶）的母亲又恋爱了。你可能对堕胎、同居和风流韵事产生了强烈的反对意见。所以这些对你来说都是很难过的事情，而且这种事发生在亲密家人身上可能比发生在朋友身上更让你难以接受。这在一定程度上是因为你感觉有人牵强附会地认为你们一家子是同一类人。如果你的家人以你不赞成的方式行事，你会觉得这对你不利。但事实并非如此。你会根据你朋友的兄弟姐妹的行为来判断你朋友本人吗？当然不会。你要专注于爱你的孩子、兄弟、母亲，而不是挑剔他们的所作所为。

还有一些是你的家人别无选择的事情，但奇怪的是，我们有时仍然会感到尴尬、不舒服或不赞成。比如，你的叔叔沉迷于赌博，你的母亲被诊断出患有严重的精神疾病。

再说一遍，你要做的是洞悉他们的真实面目，并关注他们真实的样子，因为这很重要。一旦你能做到这一点，就可以给他们任何他们需要的支持，而且很有可能在不久之后，你会发现自己很容易接受他们的这些缺点，因为这对他们来说很重要。他们可能需要帮助，也可能不需要帮助，但他们肯定需要你接受他们真实的样子。

所以，当你的亲密家人做出让你不舒服的行为，或者相信你不相信的事情，或者告诉你没有把握成为你想要他们成为的那种人时，请关注他们外表之下的真实模样。

你要做的是洞悉他们的真实面目，
并关注他们真实的样子。

|

兄弟姐妹之间也有闹心事儿

多年来，我很幸运地遇到了无数很棒的人，但即使是最可爱、最慷慨、最不挑剔的兄弟姐妹，他们之间也会发生一些闹心事儿。可能是大麻烦，也可能小烦恼。尽管他们可以随时接纳朋友，但在兄弟姐妹相处方面倍感艰难。

不管你怎么抗争，你的潜意识里总会有那么一点点恩怨往事。比如，你会记得他们是你母亲的最爱，你不会忘记他们曾在大人不注意的时候欺负你，或者他们总是不让你摆弄你梦寐以求的玩偶。你认为自己已经释怀了，你几乎忘记了，你确信自己已经完全原谅了他们。但不知何故，当你的母亲决定和你的妹妹而不是你一起过圣诞节时，或者当你的兄弟在你的车坏了的时候不借给你他的备用车时，你会莫名其妙地心烦意乱。

多年前，你曾经与之争吵或闹得不可开交的那个孩子，如今早已不在了。站在你面前的这个成年人，除了你，几乎任何人都认不出来。但在你的内心深处，你仍然把他和那些遥远的过去联系在一起，你仍然责怪他、怨恨他。

我不确定这条法则的意义是什么，因为根据我的经验，你们几乎对此无能为力。你可以尽你最大的努力去克服心魔，但你永远无法完全搞定你的情绪。所以我想，这条法则的意义就是鼓励你接受这种闹心事儿永远不会消失的事实。你的内心深处永远记得童年时的那些争吵和鄙视。你所能做的就是理性地认识到现在这一切都是无稽之谈（即使你的非理性头脑不会承认这一点），不要让它成为你的障碍。

我们成年后最亲近的人往往是与我们争吵最多的兄弟姐妹。过去的很多摩擦来自于你心底的愿望——像兄弟姐妹一样，拥有他们拥有的东西，像他们一样聪明、有趣、有才华。我们这样做只是因为我们在内心深处钦佩他们。显然我们不会承认这一点，但这是事实。因此，我们需要集中精力记住他们所有令人羡慕和钦佩的事情，而不是让那一点点思绪游离在他们似乎总是吵赢你的家常琐事上。

别忘了，从另一个角度来看，你的兄弟姐妹和你有完全一样的过往经历。有些事情你做梦也想不到，比如，他们认为你在小时候就拥有了最好的东西。是啊，我敢打赌，你已经忘了那次你因为打破窗户而给他们惹上麻烦的事了。惹祸的那个一直都是你。

———————

多年前，你曾经与之争吵或闹得不可开交的那个孩子，如今早已不在了。

法则
088

放弃你的旧角色

　　我有一个哥哥，我和他一直相处得很好。但即使我们现在都长大了，他还是倾向于在我面前扮演哥哥的角色。这还可以忍受，但很烦人。因此，几年前，我委婉地提出了这个问题，问他能否"放下老大哥的架子"。他明白了，说他会尽力的。几周后，他耐心地向我解释说，尽管他在努力，但还是很难做到，因为我还在"走小弟弟的路线"。你知道吗？我甚至没有注意到这一点，但他说得很对。

　　如果你在一个角色上花了 18 年的时间，就会很容易重新陷入其中。尽管我们尽了最大的努力，但还是在家庭关系中被划分为不同的类型：聪明的、心不在焉的、害羞的、专横的、有趣的、不可靠的等。这些角色相互影响。在兄弟姐妹中，你是聪明的那个还是专横的那个呢？实际上，一旦你离开家，在与其他人的关系中，你可能会表现得没那么聪明、愚蠢、有趣、暴躁或体贴。

　　所以，你在广阔的世界里找到了自己的新角色，但每当你和家人在一起时，他们都希望你回到过去那个有趣、专横、自负或悠闲的状态。因为他们期待你这么做，所以你就这么做了。这个角色太自然了，你不假思索地陷入其中。与此同时，你期望他们保持原来的样子，他们也乐于合作。

这些都不应该是问题，但这些本身就是问题。当你的家人一如既往地对待你，就好像你还没有长大一样，这是令人沮丧的。有时，这远不止令人沮丧，甚至会造成真正的麻烦。你的家人没有意识到，实际上你已经不再心不在焉、害羞、粗心了。但是，部分原因是当你在他们身边时，你仍然会那样做。

阻止你家人这么做的唯一方法就是停止扮演这个旧角色。当你这样做的时候，你可以不再把它当作10年、20年或30年都没有改变的东西来对待。这是一件双向奔赴的事情，总的来说，就像我和我的哥哥一样，双方都难辞其咎。

所以，如果你想让他们停止专横的行为，你就不能再表现得像个傻瓜。如果你想让他们把你当回事，就别再扮小丑了；如果你受够了被人保护，那就别再像个孩子一样。他们需要几个月或几年的时间才能注意到你的变化并做出反应，这不会一夜之间发生，但最终，他们会通过你现在的行为而不是几年前的行为来评判你。

这个角色太自然了，你不假思索地陷入其中。

法则
089

万一你驾鹤西去，你会留下什么

我不想让你变得病态和压抑，但我确实希望你能愉快地思考一下你死后留给家人的遗产。不是现金（或债务）那种遗产，而是他们因为你而拥有的记忆和感情。

我希望你的死期还远着呢，但现在是时候想想别人会怎么记住你了。因为，你对家人和朋友的爱不会因你离去而消失。我在这里并不是在谈论精神信仰，我想说的是，无论你选择如何描述你留下的遗产，你所爱的人仍然可以随身携带那种被爱的感觉，即使这种爱起源于一个已经不在人世的人。

我们都认识这样的人，他们背负着不辜负已逝之人期望的任务，或者总觉得自己低人一等，或者觉得自己很愚蠢，或者觉得自己毫无价值。你给家人留下的遗产是多么可怕呀！但这种事确实发生了。

作为一名爱的法则玩家（更不用说那些爱自己家人的人），你需要确保那些事情不会发生在你在乎的人身上。你希望你的孩子和你的家人在他们的一生中都有一种被深深爱着的安全感，他们也值得被爱，尤其是你自己的孩子，这取决于你的做法。

那么如何实现呢？你要确保在你活着的时候，他们能清楚地明白你的意思。因为一旦你驾鹤西去，就没有机会再改变什么了。这个信息必须是明确的。如果把你的大部分时间花在批评、质疑或怀疑你的孩子上，只是偶尔告诉他们你爱他们，这是没有用的。这充其量是一个非常矛盾的信息。

不，如果你想让他们知道你爱他们，不要只是说出来，而是要在你的行动、你的态度和你没有说出口的一切中表现出来。是的，如果你不同意他们的意见，或者担心他们犯了错误，你可以让他们知道，但要确保（永远不要假设）他们知道你总是站在他们一边支持他们，你尊重并信任他们为自己做的决定。

这样，无论你是明天不幸离世，还是长命百岁，你都可以确信，即使你自己无法安慰你爱的人，他们也会一如既往地紧紧拥抱你的爱，并从中获得安慰。

要确保（永远不要假设）他们知道
你总是站在他们一边支持他们。

第四章

友情法则

友情关系可能比家庭关系更容易处理。毕竟，你不会一辈子都和朋友待在一起，除非你选择这样。同样，你的朋友也不必一直和你黏在一起。

友情法则和爱情法则一样，可以帮你保持你与朋友轻松而有益的关系，并确保你爱的人也希望你成为他们的朋友。但你需要确保自己不会以破坏友情的方式激怒或惹恼他们。

同样，你需要知道你对朋友有什么合理的期望。如果你们之间有摩擦，原因是什么？在不超越友谊界限的情况下，你能向他们提出什么要求？本章的法则将帮助你在这些问题出现时解决它们，并将你带向通往强大而充实的友谊之路。

法则

090

某些朋友可以不守法则

我有一个非常亲密的朋友，但他有一个特点曾经让我非常恼火：他极不可靠。他要么迟到，要么根本不来，要么会突然出现。他说他要来过夜，然后只逗留一个小时；或者，他说他只待一个小时，结果待了一个星期。这完全符合他的生活方式——他住在露营车里，随心所欲地旅行——但不符合我的生活方式。

几年前，他做了一件事（我记不清了），那件事让我很生气。那天我心情不好，事到临头他却取消计划，或者别的什么。我开始想，也许是时候把他赶出我的生活了。不是冒昧，只是不想再努力了。我对我的妻子也是这么说的。她问我喜欢他的哪些方面，为什么我选择和他做这么久的好朋友。我回答说，那是因为他狂野、自由、活在当下。他代表了我幻想成为但无法成为的那个人，因为那与家庭和责任不兼容。我想要现在的生活，但这并不妨碍我梦想着另一种生活。

我的妻子接着问我，我怎么能指望一个狂野、自由、总是活在当下的人会认真地预订行程，并在规定的时间内逗留呢？我有点生气，但立马释怀了，因为这让我感觉好些，她当然是对的。我很生气，因为他能得逞，而我不能。但在内心深处，我真的不想过他那样的生活，我只是想象我能做到。

从那以后，当我的朋友完全按个性行事、无视我的安排时，我可以微笑着对自己说："永远无法预测。这就是我爱他的原因。"

关键是，你的朋友就是这个样子。他们来了，你要么接受，要么离开。你不能要求他们改变。

这有什么意义呢？如果你爱他们，就和他们做朋友，包容他们的缺点。就像我的朋友一样，他的缺点可能是你爱他的另一个原因。无论如何，这些特点是一个整体。如果你的朋友要求你改变，你也不会乐意。

这个世界上有足够的人可以成为你的朋友。如果这个朋友真的不为你做什么，那就悄悄地退出这段友谊。但是，没有法则规定朋友必须这样做或那样做，必须以某种方式行事，必须满足特定的条件。所以，永远不要认为你的朋友应该这样或那样做。他们唯一应该做的就是做自己，然后你可以选择是否与他们成为朋友。

————————

你的朋友就是这个样子。

他们来了，你要么接受，要么离开。

法则
091

一回生，二回熟，三回四回是朋友

　　想想你最好的几个朋友。继续回忆！现在回想一下你第一次见到他们的情景。你觉得他们怎么样？你知道他们最终会成为你最好的伙伴吗？你一开始对他们有戒心、嫉妒心，或者不屑一顾吗？继续回忆！记住第一次见面时你对他们的感觉。

　　我最亲密的朋友之一，一开始是我的死对头。事实上，我们在一起工作，我们都试图让对方被炒鱿鱼（这不是我自豪的时刻之一）。幸运的是我们都失败了，因为没过几个星期，我们就经常一起出去玩了。当然，我也有一些一开始就挺喜欢的朋友，但也没料到他们最终会成为如此坚定、友好、有趣的朋友。

　　你遇到的每一个陌生人都可能成为你的好朋友。所以，即使你希望他们丢掉饭碗，你也需要给他们一个机会。好朋友是生活中最重要的财富，我们已经知道这点了，那为什么我们有时让他们很难找到我们呢？我们有时会倾向于坚持自己现有的朋友圈，而不去拓展自己的圈子。但是，想想你可能会错过什么。这种态度可能会妨碍你找到更多的朋友。

我有工作稳定的朋友，有领救济金的朋友，有贵族阶层的朋友，[○]有在媒体、艺术和专业领域工作的朋友，有在商店服务的朋友和自己做生意的朋友，有身家百万的朋友和为生存而挣扎的朋友，有坐过牢的朋友和身为社会栋梁之才的朋友，[○]有八十岁的朋友和十几岁的朋友。这极大地丰富了我的生活，每天教会我很多东西。多年来，我学会了不要以貌取人（你看，至少我从我希望其被解雇的那个朋友身上犯的不可原谅的错误中吸取了教训）。

友情法则玩家的生活中总是有空间容纳更多的朋友。你拥有的朋友越多，你真正的好朋友也就越多。迟早，你会需要好朋友（我们都需要朋友）。如果你对陌生人视而不见，那么，你可以求助的朋友就会越来越少，这将是多么令人难过的事啊！但只要你花时间去了解他们，并敞开心扉接受他们成为未来最佳伙伴的可能性，那你就会爱上他们。

你拥有的朋友越多，你真正的好朋友也就越多。

○ 有些领救济金的人和贵族阶层的人是一样的。
○ 这两种朋友也是有一些相似之处的。

法则
092

只在乎让你的生活更美好的人

朋友的伟大之处在于他们是你可以自由选择的人。除非你愿意，否则你不必和他们待一起。希望你会有很多真正友好且可靠的朋友，他们会让你自我感觉良好。但如果你周围有人不这么做，就没必要继续跟他们见面了。

我们要明确一点，就是你应该有能让你感觉很好，在你经历困难的时候支持你，并希望你心情快乐的朋友常伴左右。任何不符合这些标准的人，虽然你称之为朋友，但实际上根本就不是朋友。

我知道，辨别真假朋友并不是容易的事。那个有时让你失望，但真的能让你开怀大笑的人是朋友吗？那个对你的梦想持消极态度，但在你遇到麻烦时总是做你的倾听者的人是朋友吗？那个爱吹毛求疵，但总是对你伸出援助之手的人是朋友吗？那个总是不靠谱，可一旦在场就无比善良的人是朋友吗？判断起来很棘手，不是吗？我不知道答案。我只能告诉你，你得学会权衡利弊。你需要把他们放在一个巨大的天平上，一边是缺点，另一边是优点，看看哪一边更重。

拥有朋友的意义在于，比起没有朋友，我们会感觉更好。如果朋友不能为我们做这么多，为什么我们还想要朋友呢？你知道哪些朋友无疑是你想要的，哪些朋友是你宁愿离开的，还有哪些朋友是需要你仔细考虑其去留的。记住，你不能要求他们改变自己，你只能接受他们或离开他们。

当然，总的来说，你不想扰乱他们的生活，所以，你会温柔体贴地从这段友谊中解脱出来。我不主张你跟你的朋友摊牌，直截了当地说出你对他的看法，然后他再回怼你，最后你俩只有大吵一架才能解决问题。记住，你要站在道德的制高点上（参见第六章的法则004）。也许你可以完全避开他，也许你做不到。当然，你可以停止向他倾诉，你需要支持的时候不再依赖他，你也不再邀请他参加你的生日派对。简而言之，不要把他当作你最好的朋友，而要谨慎地把他"降为"熟人。

这不仅仅是你现在需要做的事情。你要在自己的一生中时不时地检查一下你的朋友们，看看他们的友谊是否让你的生活更美好。我希望大多数朋友在大多数时候都能做到，其中一些朋友会一直这样。如此，你可以确定你周围的人（无论是集体还是个人）都能让你的人生更富足。

朋友的伟大之处在于他们是你可以自由选择的人。

法则
093

如果你想交良友，就先修炼成良友

这条法则真的不公平。我们已经明白，某些朋友可以不遵循法则，你要接受和包容他们的缺点。但你自己要遵守法则。哦，是的。我希望你能成为你选择给予其友谊的那些人的最好的朋友。

我先提醒你，这可是件苦差事。这意味着，当你的朋友需要你的时候，即使你很忙很累，也要为他抽出时间。这还意味着，当你的朋友遇到麻烦时，你要调整你的生活去努力适应他。当然，会有很长一段时间他不需要你，你也不需要他。你们都明白，工作、生活、育儿等事会减少你们见面的机会。这都不重要，因为当你们终于有时间相处的时候，你们会再续前缘。这就是美好的友谊。

但有时，你的朋友会突然打电话给你，或者出现在你家门口，他需要你，真的很需要你。有些事情出了问题，他迫切需要一个肩膀来哭泣，他渴望有人来帮助、有人来倾听。你会守在他的身边。即使这意味着你在很累的时候还要熬夜，或者你要找人照看孩子几个小时，或者你需要向公司请假一天或更长时间。

　　当然，做个优质的朋友需要具备很多的品质，你要做一个良好的倾听者，你要态度积极、乐于助人，你要忠诚、体贴、善良，你要有同情心且值得信赖。但如果你不能陪伴你的朋友，就不可能成为这样的人。这就是为什么你花时间陪伴你的朋友是最重要的，因为这表示你在支持他，无论这有多难，你都要义不容辞。

　　当然，他可能不需要你腾出好几个小时的时间。也许他只需要几分钟或请你帮个忙；也许他需要你每隔几天打五分钟电话联系他；也许他需要你在别人都忘记了他的烦恼之后，还会继续问他过得怎么样；也许他需要你给他一张卡片或一封电子邮件，表示你在想着他。此外，也许他确实需要你花点儿时间。

　　这是友情法则玩家与众不同的地方之一。我们从最好的朋友为我们做的事情中积累经验，我们也会为别人做同样的事情。我们确保在朋友困难的时候给予他们所需的所有时间和支持，即使是在我们自己也遇到困难的时候。因为如果你不能在朋友需要你的时候出现，做他们的朋友又有什么意义呢？

————————

我们从最好的朋友为我们做的事情中积累经验，

我们也会为别人做同样的事情。

法则
094

|

原谅朋友的某些冒犯之举

如果一段友情本质上是不平等的，那它就不会发展得很好。我是从道德的角度来衡量的。如果一个人的知识更渊博、技术更娴熟、天赋更高超，而另一个人在另一个领域达到同等水平，那么，他们的友谊会发展得很好，甚至更好。但如果一方与另一方无法达到这种平衡，那么这段友谊就会受损。也许双方要花一点时间来相互适应，也许双方都会变得痛苦且相互疏远，但从长远来看，这段友谊是不可持续的。

如果你想让友谊长久，就必须能够原谅你的朋友对你的任何冒犯。这种冒犯可以是小事，比如，对方总是迟到或从不记得询问你的感受；但这也可以是大事，比如，对方弄坏你借给他的衣服、不去参加你的婚礼、借钱不还或拒绝和你的伴侣和睦相处。

和往常一样，我不会告诉你该怎么做。你不需要原谅任何人。我只是想说，如果一个人不原谅另一个人带来的伤害——无论是大伤害还是小伤害，真实的伤害还是想象的伤害——我所拥有的或目睹的一切友谊都会受到影响。

　　当然，你总是可以选择体面地结束这段友谊。有时候这是最好的选择。但如果你每次都这么做，你的朋友就会少得可怜。

　　所以，无论你的朋友做了什么，原谅他们。你不必忘记朋友的不义之举，比如，他上次向你借钱却不还，那么下次你就不要借一大笔钱给他了（如果没有更好的借钱理由或还钱保障）。但如果这段友谊值得拥有，你就得放下过去。你要认识到，不是每个人都是完美的，尽管有些朋友有缺点，但还是值得拥有。

　　虽然你原谅了你的朋友并不意味着你会忘记他的过错，但就你的朋友而言，这确实意味着忘记。不要老提起这件事，因为那会不断提醒你的朋友，你认为他在道德上欠你的债。

　　当然，原谅并不总是那么容易。你可能需要和你的朋友谈谈这件事，但尽量等到你可以不带敌意地说出来。真正的原谅是真诚的，这是你造福自己而非朋友的事情。这会让你自己感觉更好，也能保住一份你在乎的友谊。关键在于，你要理解你朋友做任何事情的动机。如果他们是值得拥有的朋友，他们不会试图惹恼你或伤害你，这只是无心之举。你要认真分析，他们为什么这样做，他们的行为背后是什么态度和价值观，以及这些动机来自哪里，如此，你就会更容易原谅他们了。

- - - - - -

　　你要认识到，不是每个人都是完美的。

法则
095

不要随便献计献策^一

有时这条法则执行起来会很困难，所以我希望你已经准备好了。不要随便给你的朋友献计献策，永远不要给建议！即使你发现他们犯了最可怕的错误，也绝对不要劝告。即使你很确定他们会后悔一辈子，也不要献计。甚至你确切地知道他们应该做什么，也不要献计。

你凭什么这么肯定你的建议就是对的？最近媒体上报道了一个故事，说在很久以前，一对夫妇的朋友和家人劝告他们不要结婚，因为这是个巨大的错误，他们会后悔一辈子。其中一些朋友和家人强烈反对这场婚姻，并拒绝参加婚礼。这对夫妇上报纸是因为他们在庆祝结婚 70 周年纪念日，他们和当初结婚那天一样开心。

看到了吗，我们永远无法确定我们的忠告是对的。你的朋友

一 我正在写这条法则，显然也是在打破这条法则，但你们不能这么干。

比你更了解他们自己的想法和生活。是的，我知道你只把他们的最佳利益放在心上，但这还不够。在这种时候，他们最不需要来自朋友的压力。如果这件事太重要，你觉得有必要给他们献计献策，那就闭嘴吧！你的工作就是到场和倾听。

那么，当他们试图做出对他们来说非常重要的决定时，你该如何帮助他们呢？这很简单，你可以问问题。你要确保你问的问题是公正的，不是诱导性的。例如，我有一个非常好的朋友，她之前一直纠结是否要和男朋友一起搬到国外，因为她的男朋友在国外找到了一份新工作。我所能做的就是问她一些问题，帮助她做选择：如果你留在这里，而你们的恋情无法维持下去，你会有什么感觉？如果你留下，只是拼命地想念他，你会有什么感觉？如果你去了，却找不到一份像现在这样热爱的工作，你会有什么感觉？离家人这么远，你会有什么感觉？以此类推。我只是不停地问一些尽可能平衡利弊的问题。我只要听着她的回答。我不会告诉你她最后做了什么决定，因为这是她自己的决定，与你和我无关。

即使你的朋友向你征求意见，你也应该拒绝提供建议，当然也绝不要主动献计。只管问问题就好。当然，你可以就是否买这双靴子或那顶帽子给出建议（还得是你的朋友问你的时候）。但在重大问题上，不要发表自己的意见。从长远来看，你会为你这么做而高兴的。

————————

你的朋友比你更了解他们自己的想法和生活。

法则
096

敏感的话题不提也罢

我的一个朋友有一个两岁大的可爱的儿子。她非常希望他有个弟弟或妹妹，但到目前为止还没有。此刻，这是她生命中的一大悲伤。所有朋友都在不停地问她什么时候要二宝，但谁也帮不了她。甚至最近有朋友指出，她比别人轻松多了，因为她只需要照顾一个孩子。

本着真诚关心的精神，这些是你可能与你的兄弟或最好的朋友进行的对话，但这不是我们应该对那些可能不愿意向我们敞开心扉倾诉的人说的话。

你可能永远也不会这样做。但这样做的人也并不是想要伤害你，只是他们从来没有想过这对他们来说只是一时的兴趣，而对你来说可能是一件大事。如果你处于想要二宝（甚至是大宝）但面临困难的境地，你可能太敏感，不会犯这样的错。我们都需要小心翼翼，不要因我们没有亲身经历过的事物而落入陷阱。

所以，如果你遇到一个单身很久的人，不要问他什么时候会找到自己的伴侣。如果一个人在一份工作上干了很多年，不要问他升职的前景。如果有人经历了丧亲或离婚之痛，不要问他要不要努力去寻找新的伴侣。如果一对情侣已经同居很多年了，还没有订婚的迹象，那么，当你在别人的婚礼上看到他们时，就不要说"下一个结婚的就是你们"。当你遇到一个年近四十岁还没有孩子的女人时，不要问她有没有做母亲的计划。如果你遇到一个看起来像怀孕但可能只是超重的人，不要问她孩子的预产期。我知道你不需要我提醒这些事情，但有些人确实需要有人提醒。

当然，你有时会对这些事情感到疑惑。这完全可以理解，但这并不意味着说出自己的想法是个好主意。我有一个朋友，她最近发现她孩子班上有两个父亲正在坐牢。她非常庆幸自己从来没有问过那两个母亲为什么她们的伴侣不来学校接孩子或参加学校活动。她也没有向她们抱怨她的伴侣总是晚回家。她避开了与对方聊诸如此类的话题。

当我年轻的时候，总有人坚定地告诫我永远不要问私人问题。非常正确！不知道为什么，这么多年来，这种做法很常见，但并不意味着这是正确的做法。如果有任何疑问，先别发表意见。对各种可能性保持敏感。问一些开放性的问题，比如："你好吗？"如果别人想让你知道些什么，他们会主动告诉你。

———

当我年轻的时候，总有人坚定地告诫我
永远不要问私人问题。

法则
097

结交让你引以为傲的朋友

你要对你的朋友负责，你懂的。如果你和一群坏人在一起，那是你的选择，而你的选择会影响到你自己。没有必要假装自己不知道是怎么和他们在一起的，或者假装自己真的不想和他们在一起，只因他们是你唯一的朋友。即使没有朋友，也比只有让你感到尴尬或羞愧的朋友好。

你不可能成为荆棘中的玫瑰。你自己会变成一根刺。没有必要假装你不会被他们影响，或者假装你是不同的。如果你这么与众不同，那你和他们在一起干什么？如果你为自己的同伴感到羞愧，你就不能正确地去爱他们，也不能从他们那里得到你应得的爱。

所以，我们要明确一点：你需要让自己身边都是你可以引以为傲的朋友，并为自己是其中一员而感到自豪。你需要找到这个世界上的"玫瑰"，并和他们交朋友。作为友情法则玩家，你会受到欢迎，而且找到好朋友也不是什么难事。

那么，你应该寻找什么样的朋友呢？当你见到这些有缘人时，你怎么能认出他们呢？他们诚实、体面、正直且诚意满满。他们真实而真诚，永远不会对你撒谎。他们会关心你的幸福，想和你在一起，不是因为他们能从你身上得到什么，而是因为你让他们感觉很好。他们不会试图利用你，也不会给你施加压力，更不会让你做任何你不想做的事。他们不会对你提出不公平或不合理的要求，他们永远不会泄露你的秘密或在背后说你的闲话。

他们善良、慷慨、体贴、关心你，当你需要他们的时候，他们会尽自己最大的努力出现在你身边。当然，他们不会总是把所有的事情都做好，因为他们是普通人。但这并不是因为他们没有努力，如果他们意识到自己犯了错，他们会想要尽快改正的。

当你开始花时间和这些朋友在一起时，你很快会发现，你变成了和他们一样的人。同理，当你和蓟打交道的时候，你开始变成蓟了，你会感觉稍微好一点，现在你会开花了，说明你是非常棒的。为什么要和那些让你感到羞耻和不开心的人在一起，而不是和那些让你感到骄傲的人在一起呢？毕竟，如果所有了不起的人都想成为你的朋友，就说明你一定很有价值。无论如何，你不是丑小鸭，而是美丽的白天鹅。

————————

你需要让自己身边都是你可以引以为傲的朋友。

法则
098

不要借钱给朋友，除非你准备打水漂

有多少次你看到友谊破裂是因为朋友之间借钱不还导致的？不仅仅是借钱不还，也许是借的车被刮伤了，或者是借书不还，或者是借住的公寓被损坏了。奥斯卡·王尔德（我想就是这家伙）曾经从朋友那里借来一本书，然后把它弄丢了。他没法还书给朋友，他的朋友很生气，问他："你不还书，是不是在损害我们的友谊？"奥斯卡只是回答说："是呀！但你要我还书，不也是在损害我们的友谊吗？"

这条法则不仅适用于朋友，也适用于家人，但我把它放在友情法则里，是因为朋友之间经常会因为这样的事情发生争吵。事实是，你一开始慷慨大方，想要帮助别人，所以你同意借给朋友任何东西。然后，当你的朋友不归还时，你会生气，最终你会失去这段友谊。

如果你的朋友是一个值得拥有的好朋友，他就不会故意这样做。他只是没钱很无奈，或者出现了意外的开支。那么，你能做些什么呢？一开始，在你借给他钱、汽车或房子之前，你就该下定决心，这钱是你送给他的，或者你已经预料到汽车或房子会损坏，或者书会丢失。如果你觉得不值，一开始就不要借给你的朋友任何东西。如果你觉得值，就在心里将这笔账一笔勾销。当你拿回你的钱，或者你的车完好无损时，你会感到惊喜。十有八九，你会收回你的钱，而且你也不会因频繁要债而失去朋友。

如果你们的友谊没有那么好，那就另当别论了；如果你不怕失去某个朋友，你可以冒险去借钱给他。但真正美好的友谊比你借出的东西更有价值，所以，你疯了才会放弃这段友谊。朋友之间的几英镑甚至几百英镑算什么？如果你有幸财源滚滚，而你的朋友又缺钱，为什么不给他呢？你说是借给他的，他就可以挽回面子，但你明白，你是把钱当作礼物送给他的，因为他值得你这么做。如果他选择在几个星期或几个月后把这笔钱作为礼物还给你，那就说明他是值得深交的好朋友。

当然，如果你向你的朋友借钱，就要尽快归还。更重要的是，如果你把他的书弄丢了，就要买一本新的还给他。你要在归还公寓之前将公寓打扫干净，你要在还车之前洗车并加满油。如果他慷慨大方地借给你东西，那么，这是你最起码的回报。

———————

真正美好的友谊比你借出的东西更有价值，
所以，你疯了才会放弃这段友谊。

法则
099

如果你不喜欢朋友的伴侣，也不要置喙

　　这是一条很多人都觉得很难做到的法则。你有一个很棒的朋友，你喜欢和他在一起，但他却和一个你不喜欢的人在一起。也许他的新伴侣只是不友善，或者此人对你的朋友不好（在你看来）。当然，你的朋友是看不出来的。他只是希望他最好的朋友和他的新恋人可以和睦相处。你是怎么做的？

　　天哪，我曾见过许多友谊因这一点而受挫。你很容易把你的想法告诉你的朋友，并敦促他离开他的新恋人。很多人都这样做。但这不是正确的做法。为什么不能这样做呢？因为这根本不关你的事；因为他很可能会抛弃你而不是他的新恋人；因为当他需要让他感觉良好的朋友时，你却在"捣乱"，这样会削弱他的信心；因为你也可能是错的。即使你是对的，当他失恋时，他也需要一个没有和他闹翻的朋友，一个不会说"我早就告诉过你"的朋友。你觉得他还想继续跟你做朋友吗？

　　我知道，当你突然发现自己因为不喜欢和朋友的伴侣在一起

而不能再享受和朋友在一起的时光时，这是多么令人沮丧。在这种情况下，试着在他的伴侣不在场的时候去看他。也许你们可以在工作日的晚上见面，而不是在周末或其他时候。如果他的新伴侣真的对你不友善，或者让你觉得不值得去见你的朋友，你可以非常婉转地表达你更喜欢和他单独见面。也只好这样做了。

你面临两种可能。一种可能是他们会在一起很多年甚至一辈子，在这种情况下，他的伴侣会变得比你重要得多。如果发生这种情况，你若还把这件事闹大，就会在你们的友情中完全退场。结果也许是你的错，这是可能发生的，你懂的。你朋友的新伴侣会让他开心，这当然是你想要的结果。另一种可能是他们分手了，结果证明你一直都是对的。在这种情况下，你的朋友真的需要你，但如果你们闹翻了，或者他觉得你会说"我早就警告过你，但你就是不听"，你的朋友就无法向你求助了。

所以，从一开始，你所能做的就是退后，把你的想法藏在心里，为你的朋友陷入爱河而高兴。如果他问你的看法，你可以说一些积极的话，比如，"她真的很好相处"或者"她很有幽默感"。就这样打住。哦，还有一件事你可以做，如果你的朋友失恋了，你要准备好为他收拾残局。

————————

结果也许是你的错，这是可能发生的，你懂的。

法则
100

骂一句回三句，不想尴尬就别拧巴

我坦率地承认，这是我必须经常提醒自己的一条法则。这是一个很容易掉进去的陷阱。一个朋友迟到了，你吹毛求疵地抱怨他让你久等了，却从来没有回忆起上个月你和他见面时也迟到了。你是不是要说那次不是你的错，但这次是他的错，两者不能一概而论？事实真的如此吗？

伸出你的手臂，用食指指着别人。现在，中指、无名指和小指都指向哪里？指向你自己吧。㊀是的，这条法则教你不要评判别人，特别是朋友，尤其是因为我们自己也常常犯的同样的错误。

我注意到，最讨厌别人专横的人往往自己也是专横的人。温顺的人通常乐于接受任何事情，不用自己安排一切也会感到很宽慰。我听说，几乎所有的"专横者"至少会遭遇三倍的"专横"。其他很多特质也是如此。

㊀ 忽略你的大拇指。我还真没发现大拇指在"指指点点"方面有什么作用，所以不要问了（这条法则不包括大拇指）。

并不是说仅仅因为你有耐心就可以评判别人易怒，你出奇地整洁就可以评判别人凌乱不堪，你外向就可以评判别人害羞，你镇定就可以评判别人过度焦虑，或者你随和就可以评判别人好斗。这个世界需要各种各样的人，而你却不知道是什么让你的朋友变成现在这个样子。你只要好好享受友谊就好（参见法则 090）。

　　你和你的朋友一样有很多缺点。我都没见过你，但我可以告诉你，因为我们都有缺点。我们不是完美的，也没有完美的东西。悠闲并不比井井有条好，早起也不比熬夜更高尚。即使你没有指向你朋友的错，但你仍然有很多缺点被他们指责。

　　我并不是想让你出丑。正是坎坷和顺利一起造就了一个美妙、复杂、迷人的你。我只是想指出，你的朋友也一样，他们做的事情碰巧让你感到厌烦或恼火。所以，让我们多一点理解和欣赏，少一点批评和抱怨。先不要指责别人，因为你无法确定会不会遭遇骂一句回三句的尴尬。

————

　　你是不是要说那次不是你的错，但这次是他的错，两者不能一概而论？事实真的如此吗？

|

真正的友谊会变强

　　我最近收到一位老校友的来信，我已经25年没见他了。我们曾经是最好的朋友。收到他的来信真是太棒了，我们又见面了，从我们中断友谊的地方再续前缘。真正的好朋友就是这样的。你可以一直从中断友谊的地方再续前缘。有时你们会很长一段时间都断了联系，但没关系。

　　事实是，我们的生活变化如此之大，我们的朋友也不可避免地会发生变化。当你回顾你的生活经历（中学，大学，第一份工作，你曾经住过的地方），你会想起各种各样的朋友，当时你们很亲密，但现在很少或根本没有联系。我们每个人都会遇到这种情况。我失去了很多校友，因为我16岁就离开了学校。当我已经谋生的时候，他们还在为周四交不交论文而发愁。我们已经没有太多共同点了。

　　你不可能追上所有和你有过亲密关系的人。一天的时间一晃而过，真的不够用。在你离开这个地区后，你不需要每周都和某人见面，也不需要每隔几天就和某人打电话聊天，因为你现在要在晚上工作。你和法则099中提到的那样的朋友见面的机会更少了，他最终和你不喜欢的人结婚了。这一切都很正常。当生活把你带向不同的方向时，你没有理由对你的朋友感到内疚或怨恨。这可能会持续一段时间，也可能是永久的。事情就是这样，这不是谁的错。

如果你有了孩子，也许你们的友谊会发生翻天覆地的变化。没有孩子的朋友不会理解你凌晨两点之前腾不出时间出去聚会，也不会明白临时约你是徒劳的，因为你没有时间安排保姆。无论如何，你的生活被换尿布和补充睡眠占去了大部分，而他们的生活与此相差十万八千里。当你想到学校和足球训练的时候，你才发现你和校友们几乎完全失去了联系。庆幸的是，你通过你的孩子认识了更多的父母，你现在有了新的朋友。

你不必为失去老朋友而责备自己。回首往事，我真的很想念那些曾经的朋友，还有一些朋友，我当时十分享受他们的陪伴，现在我只因回忆而快乐。有一些很久以前的朋友真的值得你努力保持联系，但即使如此，友谊也会发生变化。当然，我们总是可以从中断友谊的地方再续前缘，但我们彼此见面的次数减少了，我们的问题、兴趣和关注点也与以前有所不同。这让友谊变得不同，但也让友谊变得更加牢固。

当生活把你带向不同的方向时，
你没有理由对你的朋友感到内疚或怨恨。

知道什么时候该放手

有时你与朋友之间的关系会因为你们的生活方式而变得疏远（或牢固），就像我刚刚在上一条法则中提到的那样。然而，有时候，你会发现某段友谊不再有效，是时候继续前进了。

也许是你变了，也许是你的朋友变了。他们可能和一群坏人混在一起，而你不想成为其中的一员；或者也许你已经承担了责任，在他们还像个青少年的时候你就成熟了；或者他们有了孩子，而你还没有，他们的新生活对你来说意义不大。你不理解他们的担忧，你无法对他们关心的事情感同身受。如果他们刚生了宝宝，你可能无法理解他们为什么想要花一半的生命专注于别人的身体机能。

也许这些事情都是暂时的，你们的友谊值得坚持下去。也许你料想你的朋友不久就会意识到，这些人不值得一起闲逛。也许你打算很快要孩子，你会很需要他们的经验。但有时你会发现，有些事情不会改变，这样的友谊已不再适合你。也许你的朋友有宗教信仰，不断地对你说教。也许你的朋友是个财迷，而你不痴迷于金钱。有时你的朋友甚至会因为他自己的原因而背叛你。

当这类事情开始影响到你们的友谊时，这就不仅仅是毫无察觉地渐行渐远的问题了。有时候你需要有意识地让自己远离那些狐朋狗友。他们不再对你的生活有任何积极的贡献，你对他们的生活也没有任何积极的贡献，而且这种消极状态貌似会一直持续下去。

你要认识到这种情况正在发生。如果没有任何效果，就不要继续逆流而上。你得放手，向前看。当一段美好的友谊逝去时，你会感到沮丧，但如果你一直试图抓住已经逝去的东西不放，只会让事情变得更糟。你最好有意识地努力去结束这段友谊。

你可能会发现自己需要和这位朋友谈谈，告诉他这段友谊对你俩都没有好处。不要和他吵架，不要说他是个坏朋友。但你得让他知道，你觉得和他在一起没有任何未来。或者，你可能会发现，如果退一步，顺其自然地分手会更容易。毕竟，你的朋友可能和你想的完全一样，也不会有太多抵触。友谊是双向奔赴的，一般来说，如果你们中的一个不喜欢，另一个也不会喜欢，即使你们中的一个要花更长的时间才能发现这一点。世界上有很多潜在的好朋友，不要把时间和精力浪费在一段已经结束的友谊上。

不要把时间和精力浪费在一段已经结束的友谊上。

法则
103

痛苦无益，走出友谊逝去的阴霾

有时候，你的朋友会与你渐行渐远。或者，他们选择和你保持距离。我知道，朋友们会因为各种各样的原因疏远你，比如，他们无法应对他们对你生活的嫉妒，他们对你的一些行为方式感到不满——你可能觉得这是完全可以接受的（或者你内心深处并不这么认为）。这可能和你一点关系都没有，可能他们需要从一段痛苦的生活中走出来，他们必须和过去做个彻底的了断。

你打算做什么呢？你可能怨恨他们抛弃你这个朋友，不管他们是多么温和地抛弃你。你在他们身边，尽你最大的努力成为他们的好朋友，他们却背弃了你。即使他们不再抽时间保持联系，那也有点不对劲，不是吗？你完全有理由为此感到悲伤甚至痛苦。

但请稍等一下。这有什么用呢？这对谁有帮助呢？这当然不会对你的朋友有任何影响，因为他不会知道你的想法或感受。你喜欢痛苦的滋味吗？所有的仇恨都让人兴奋和振奋吗？当然不！仇恨让人痛苦。那么，这样做有什么意义呢？

我有个想法。你为什么不接受现实呢？事实上，更好的是，你为什么不珍惜过去的友谊留给你的东西？你为什么不怀念曾经陪伴过你的老朋友，即使他们已经不在你身边了？嗯，可能你们之间有一点误会，或者你们早已分道扬镳，或者他们有什么不正常的地方。但你在意失去这段友谊的唯一原因是它曾经如此美好、积极、令人鼓舞、值得拥有。

听着，你是唯一会被这些痛苦伤害的人。这是一种徒劳无功的情绪，它会让你陷入困境，让你提防其他朋友，让你对自己的生活感到不快乐。作为友情法则玩家，我们不会产生这种徒劳无功的、自我毁灭的情绪。我很难理解这怎么可能成为一种建设性的处事方式呢？尤其是你的朋友这段时间一直带给你幸福和快乐，让你自我感觉良好。

你最好接受这样一个事实：有些友谊可以持久，而有些友谊则稍纵即逝。就像你在一些房子里只住几个月，而在另一些房子里住几十年。这并不意味着你不喜欢那些只住几个月的住宅，两者在当时都有同样的价值。有些人会短暂地闯入你的生活，当他们为你付出了一切后就离开了。他们在那些短暂的日子里陪伴着你，他们选择带给你一段时间的友谊，这是多么美妙的体验啊！

————————

有些友谊可以持久，而有些友谊则稍纵即逝。

第五章

万能法则

　　如果你列出所有你爱的人，我想你的伴侣和你的孩子（如果你有伴侣和孩子的话）会排在最前面，其余的家人和朋友会以某种随机的顺序排在后面。除此之外，还有所有你不怎么熟识的人，你爱他们可能不会像你爱你的亲人那样深情且热烈，但你还是希望他们一切都好，甚至是那些你从未见过但仍能感受到温暖的人。

　　我把本书的法则分解成三大部分，分别适用于伴侣、家人和朋友。我一开始就说过，这些部分会有一些重叠，确实有。但我仍然有一些法则适用于你遇到的每个人，不仅仅适用于你的家人和朋友，当然也包括了他们。

　　这些法则是普遍的，因为它们适用于你遇到的每一个人，尤其是我们所爱的人。它们也是让你的生活充满爱的基础，无论是你爱别人还是别人爱你。掌握了以下 5 条法则，那你真是太棒啦！

法则
104

|

人比物更重要

　　我的祖母以前总这么说。我说祖母以一种很少有人能做到的方式行事，我不知道还有谁会出来反驳我。当我和我的兄弟姐妹还小的时候，我们偶尔会释放孩子的天性，在祖母的房子里不亦乐乎地搞破坏。我的母亲会生我们的气，可能是出于内疚，但我的祖母会完全忽略这些事，她说："没关系，亲爱的。人比物更重要。"

　　我希望我能像她一样冷静和包容，因为我知道她是对的，更重要的是，我知道她会因此而更快乐。她真的不介意什么东西坏了，她只要我们完好无损。她可以毫不在意地穿过破碎的杯子、毁坏的珠宝和撕破的衣服，因为从大局来看，这些都无关紧要。

　　显然，我们都知道，比起遗失和打碎物品，失去所爱之人和看着他们受伤更令人伤心。但是，当人没事的时候，我们只关注亏损的东西——丢失的钱、受损的车、坏掉的电脑。

　　我曾经被很多东西困住。只是一些东西而已。我有很多零碎的东西、小饰品、家具、图画和纪念品等，这些都是我多年来积累的。我还有一所容纳这些东西的房子，还有一笔维持这所房子的抵押贷款。当东西丢失或损坏时，我和其他人一样感到沮丧和愤怒。后来，我遭遇了困难时期。

我失去了房子，然后，我逐渐变卖家产，几乎卖掉了自己拥有的所有东西。那时我是一个租房住的单亲爸爸，几乎一无所有。但我的孩子们能吃饱饭。你知道吗，这是一种巨大的心理慰藉。我不用担心那些我曾经拥有的东西，这种感觉很棒。我可以自由地专注于真正重要的人——孩子、朋友、其他人。

过了一段时间，我设法扭转了局面，几年后，我又找到了我曾经拥有的东西。我又有了一所房子，也添置了一整套家具。但我开始设法避免重拾以前的态度。我现在不再依赖自己的财产了。如果我从财富中得到快乐，那很好。但我知道，我不需要这些身外之物来获得快乐。这就是人类真实的样子。

———————

显然，我们都知道，比起遗失和打碎物品，失去所爱之人和看着他们受伤更令人伤心。

法则
105

|

内疚是一种自私的情感

你可能会好奇，为什么这条法则属于爱的法则呢？因为如果你忙于感到内疚，就无法恰当地向他人表达爱意。下面我来解释一下。

当我们感到内疚时，这到底是什么感觉呢？我，这就是问题所在。我的感觉如何，我的生活有多糟糕，我到底发生了什么？这完全以自我为中心。请你努力将你的注意力从你内疚的对象上移开。你在某种程度上辜负了所爱的人，或者你认为你辜负了所爱的人，其实你是在窃取他们的注意力。不，我们没有时间去担心他们，我们正忙着为我们必须背负的罪恶感而自怨自艾。

既然这是个负担，为什么不放下呢？没有人阻止你。你想拿就拿，想放就放。只有一个问题，如果你放下它，就得专注于别人，停止谈论你自己。你认为你能做到吗？你当然可以，因为你是爱的法则玩家。

让我们明确一点：过去的已经过去了，你改变不了过去。如果你能做些什么来弥补，请去做。如果不能，你可以试着接纳并吸取教训，或者你可以自省，多想想自己，而不是总想那个让你感到内疚的人。这些都是你的选择。你知道该选哪一个。

当然，暂时的内疚是可以的。你突然意识到你没有做自己应该做的事情。这种罪恶感促使你现在就想去做这件事，或者做出一些补偿。可一旦你做了你能做的，其他任何事情都是自私的，为了刷存在感而已。

我确实意识到生活中偶尔会发生一些真正可怕的事情，因为你搞砸了一些事情。比如，你喝多了，然后撞了车，伤了人。当然你会为此感到内疚（至少我希望你会），但是不要沉湎其中。你应该走出来，开展反对酒后驾车的运动，或者为慈善机构工作以帮助那些因事故或其他原因而长期受伤的人。这才是建设性的做法。如果你喋喋不休地谈论自己的感受，这是极其糟糕且不可接受的。

这就是为什么这条法则属于爱的法则。因为，为了好好爱别人，你需要把注意力集中在你爱的人身上，而不是自己身上。你需要停止刷存在感，多为他人着想。我认识一些人，他们是靠着负罪感苗壮成长的。他们会寻找让自己感到内疚的事情。为什么？因为这是世界上把所有的爱都集中在自己身上的最简单的方法。不要总是内疚。如果你做了坏事，那就弥补过错，然后继续前进。

还有一点值得注意，如果你发现自己对某件事感到内疚，请马上停止。不要因为感到内疚而感到内疚……

———————

为了好好爱别人，你需要把注意力集中
在你爱的人身上，而不是自己身上。

法则
106

爱就是花时间陪伴和给予帮助

如果有两个人，一个让你这么做，一个让你那么做，你会怎么做？你的一个孩子想让你去参加学校运动会，但那天，你的另一个孩子想让你去听他参与的音乐会。你最好的朋友迫切需要一个可以依靠的肩膀，因为他的婚姻刚刚破裂，但你正在努力送你生病的母亲去医院救治。也许你的伴侣正在经历严重的抑郁症的折磨，无法忍受和你分开的无助，但你的妹妹无法独自照顾孩子，需要你的支持。也许，所有这些糟心事同时发生。生活中充满了这样的阶段——在一段时间内一切都很顺利，但每隔一段时间，一切就会堆积如山。那么，怎么解决呢？

你必须认识到这样一个等式：爱＝时间。说到底，爱就是花时间陪伴。所有这些人都需要你的时间。有些人可能只需要一点点，有些人可能需要很多。有些人可能想要你的某一个时刻，而有些人则想要你腾出任何时间。他们中的一些人可能需要你在他们不在场的时候提供意见，而另一些人则希望你和他们在一起。

但是他们都需要时间，而时间是一种有限的资源。一旦你每天分配了 24 小时，那就是你的全部了。

这就是为什么你不能和你见过的所有朋友保持联系，或者为什么你不能在你有了孩子之后仍然和很多人保持亲密关系。你可以有足够的时间跟 100 个普通的熟人在一起，或者跟 20 个亲密的朋友和 3 个兄弟姐妹在一起，或者跟 4 个直系亲属和 5 个大家庭在一起，或者跟 3 个最好的伙伴和 11 个好朋友在一起。很明显，这些数字是我编的。我不知道排列顺序，但我希望你明白我的意思。你的生活中只能容纳这么多人。占用你大量时间的人或事越多，最后剩下的能分配给其他人的时间就越少。如果你没有孩子，请记住这条法则，不要对那些你认为忽视了你的父母和朋友生气。他们可能已经尽力了。请给他们时间。

当你面对四面八方的压力时，你唯一能做的就是分清轻重缓急。你需要遵守某种等级秩序。也许伴侣和孩子是第一位的，其次是父母，然后是兄弟姐妹、最好的朋友，等等。你不需要进行正规化安排，你只需要在头脑中分辨出优先级。如果有人特别脆弱，或者没有其他人可以求助，他们在你的优先级列表中的"位置"会得到提升。他们需要你的原因也会影响他们在紧急关头的处境。时间管理专家建议人们根据事情是否重要或紧急来分配时间。紧急和重要的事情通常排在前面，但未必会花去你很多时间。也许爱也一样。

你必须向你爱的人解释，你想陪伴他们所有人，但你只有这么多时间，你会尽你所能做到最好。你会去看你孩子的下一场音乐会，但不是这一次，或者你会陪你的朋友，但这周只能陪他几个小时。这很难做到，但如果你理解了这条法则，就会觉得你不应该因为不能为每个人做每件事而感到压力。

当你面对四面八方的压力时，
你唯一能做的就是分清轻重缓急。

法则
107

你付出的越多，得到的就越多

这条法则太简单了，我不明白我为什么要写进书里。不过，我遇到的很多人似乎都没有领会到这点。

我认识一个家伙，他很合群，总是有一大堆朋友。他总能找到时间陪他们，并设法让他们都感觉自己很特别。当他们有麻烦时，他总是陪伴在他们身边。我不知道他是怎么挤出时间来的，因为他是个有家室的人。但他总是这样。^㊀他是一个很好的倾听者，很擅长不停地泡茶和分发饼干。他甚至还抽出时间为当地的慈善机构筹集资金。

前段时间，我的这位朋友经历了一段非常糟糕的时期。他的母亲去世了，他也几乎同时失去了工作。正如你所料，每个人都聚在一起喝茶，表示同情，并主动提供帮助。奇怪的是，他似乎很惊讶。他告诉我，他非常感动，真不敢相信大家会如此慷慨。

㊀　我想他一定上过时间管理课程。

这在我看来再明显不过了。他们为他感到难过，但很高兴有机会报答他多年来对他们的恩情。

我认识的另一个人是个上了年纪的老者，他最近去世了。他人很好，但不跟别人来往，没有多少朋友。我参加了他的葬礼，因为他是我的邻居，我想对他的妻子表示我的支持。只有10个人在那里，其中5个是他的家人。我为此感到非常难过，在他80多年的生命中，似乎没有什么可以展示的。

你很清楚我在说什么。宇宙并不总是在你给予爱的地方给予你爱的回报。你对一个人的慷慨可能会得到另一个完全陌生的人的回报。如果你把你的慷慨放在任何你认为需要的地方，就会不断地得到别人的慷慨回馈。

当然，你并没有把你的慷慨奉献出去，因为你把你的慷慨视为一种投资。那些到处散布爱的人永远不会慷慨待人，因为他们会自私地盯着他们将得到的回报。他们散布爱是因为爱本身就是一种回报。是的，我知道你想吐，但我找不到其他的表达方式。尽管你每天的爱只限于24小时（参见法则106），但在你拥有的24小时里，你传递的爱越多，得到的爱也会越多。

一想到我走后会有多少人来参加我的葬礼，我就会陷入沉思。如果我怀疑来宾数量低于我的期望值，我会提醒自己多花一点精力去关心我所爱的人。

————

宇宙并不总是在你给予爱的地方给予你爱的回报。

帮别人就是帮自己

　　我们已经阅读到了本章的最后一条法则，这条法则很重要。我不知道有多少人真正理解了这点，但我知道有些人凭直觉理解了这点，其中一人在无意中将这条法则的真谛传授给了我。

　　我很亲近的一个人去世后，我经历了一段非常糟糕的日子。我的一个朋友非常支持我，而她自己的生活压力也很大，她帮我的同时也成就了她自己。她有三个年幼的孩子，其中两个患有血友病，这经常需要耗费她的时间，也很是令她担忧。同时，第三个孩子还是个小婴儿，所以我的朋友很累。然后，她又遭受了痛彻心扉的打击：有医生怀疑她丈夫得了绝症。然而，尽管如此，她仍然定期给我打电话，看看我是如何应对的，是否需要什么。

　　我对她的慷慨精神和为我腾出时间感到惊讶，当然，我也尽我所能地回应并支持她。你知道我注意到了什么吗？当我为别人担心时，我自己的问题要比为自己担心时容易处理得多。谢天谢地，医生们诊断出她的丈夫并没有病入膏肓，这个世界还是公道的。但在此之前，我从她那里学到了一条最重要的爱的法则。

她显然早就意识到了这一点。她并没有利用我的问题来逃避她自己的问题，她这么做纯粹是出于爱。我怀疑她没有意识到自己是一个多么了不起的人。但她心知肚明，只有把别人放在自己之前，她才能从生活中得到最大的收获。帮助别人就是帮助自己。

人们在生活中经历困难时，往往会向内审视自己，这是完全可以理解的。但我现在意识到，他们这样做对自己没有好处。当你的生活变得糟糕时，你需要把你的注意力移出自己的生活，转移到其他人最需要爱和支持的地方。你会觉得自己很有用、很有价值，而这反过来也会帮助你处理你正在经历的任何事情。如此，你就会冲破内心的藩篱。

如果你想成为一名完美的爱的法则玩家，你最好把这条法则作为你生活的绝对指导原则。它会带领你进入最愉快、最有意义的生活，那里都是爱你的人，更棒的是，还有你可以爱的人。一旦你有了这些，你就不会出大差错。

————————

帮助别人就是帮助自己。

第六章

附加法则：分手法则

　　有时候，你不知道一段感情是否真的适合你，除非你尝试过。也许，一旦尝试过，你就会发现这并不是你想要的或需要的。你可能会在几周内意识到这一点，也可能需要几年的时间才能意识到。几十年后，你可能会走到这段感情的尽头，也许你的孩子们会被你离婚的事情搅得一团糟。

　　不管你是怎么走到这一步的，也不管你是不是那个提出分手的人，结束一段关系的方式都有很多种。我们都曾目睹别人经历过最讨厌、最粗鲁的分手，可悲的是，即使有了孩子，也阻止不了分手的步伐，但我们作为爱的法则玩家，并不想这样做。

　　如果你在一段感情中陷得太深，就很难表现得像你应该表现的那样好。下面的分手法则能让你表现得像你期望的那样体面。如果你能做到这点，就会迅速修复自己和孩子们的创伤，这样你就问心无愧了。

法则
001

倾听自己内心的声音

当人们回顾一段没有结果的恋情时，你经常会听到他们说："你知道吗，当她忘记我们的五周年结婚纪念日时，我内心深处就知道一切都结束了！""回想起来，当时我恳求他不要接受那份工作，但他还是去就职了，莫非那就是这段感情结束的前奏？"

但是，那些能确切地说出问题出现的时间的人，在那之后的几个月甚至几年里，可能会继续"死马当作活马医"。他们坚持在一段注定失败的感情中挣扎，和伴侣一起挖一个越来越深的坑，最后一起掉进坑里爬不出来。要是他们当时有先见之明就好了，真没必要硬扛，拖到最后还是分道扬镳。

事实上，我们都是有先见之明的人，只是自己没有意识到这点。你内心有一个小小的声音告诉你这是行不通的，但你就是不听。你要认真去听那个声音，因为它会告诉你什么时候是正确的分手时间。我并不是建议你一听到这个声音就马上分手。当然，有时候你必须努力去挽回一段美好的关系。但在内心深处，只要你倾听，你就知道这段关系什么时候已经走到了不可回头的地步。

请问，你为什么不早点倾听你内心的声音呢？因为你在这段关系中投入了很多，有情感上的，也许还有物质上的。你不想感觉自己是个失败者。也许你显然不想伤害孩子。也许你害怕独自一人（在这种情况下，请阅读第一章的法则003）。与不倾听自己内心的声音相比，倾听自己内心的声音会让事情变得容易得多。

但是，一旦你知道这事不可能成功，最好还是尽快退出，拖延只会让事情变得更糟。我知道有些人真的希望他们的父母早点分手。如果父母能保持友好的关系，为了孩子留在一起是可以的，但如果父母不能，那就尽快分手，这样孩子可能会过得更好。如果你没有孩子，那你还在坚持什么？担心别人会怎么想？害怕你的妈妈会责备你？你不知道离婚后会住在哪里或者如何支付房租？

在放弃以前你要承受多大的痛苦，这完全取决于你自己的选择。也许你宁愿有个栖身之所的糟糕婚姻，也不愿独自一人面对拮据的生活。我只是想说，你需要倾听自己内心的声音，一旦它告诉你事情不会好转，走出婚姻会让你过得更好，那就及时止损吧！否则，拖延只会加剧彼此的痛苦。

———————

拖延只会让事情变得更糟。

爱情是需要双向奔赴的

我从来没有见过哪场分手是与双方无关的。事情闹僵了，双方都有责任。我自己也经历过离婚，尽管我花了一段时间才承认自己也有责任，但我现在可以坦然地接受：我们都在让关系恶化到无法挽回的地步方面发挥了作用。

通常情况下，分手是一方违背另一方的选择而挑起的。也许一方有了外遇，或者只是离开了，或者做出了让另一个人无法留下的行为。每当关系破裂，总是有原因可循的。而这个原因总是由双方共同导致的。

这并不是说，当事情变得糟糕时，你可以欺骗你的伴侣。我们应该始终举止体面，而一方的行为可能比另一方的行为更容易破坏婚姻关系。但从根本上说，在完美的关系中，善良的人不会用卑劣的手段中伤自己的伴侣。肯定从一开始就有什么不对劲的地方。

有时候，问题在于你选择了错误的伴侣。也许你在这段关系中竭尽所能，但你选择了一个风流成性的人，或者一个把事业放在家庭之前的人，或者只是一个不适合你的人，反之亦然。但你必须为你的选择负责。这就是为什么本书第一章"寻爱法则"如此重要，因为它可以帮助你避免选错人。

然而，在大多数情况下，认为自己是受害者的一方要负起责任，因为他轻视伴侣、对伴侣唠叨、不花时间陪伴伴侣、过于关注孩子而无视伴侣的感情、让伴侣窒息或阻碍了伴侣实现梦想。也许，在理论上，那不能证明他的伴侣是因此选择离开的。但是，那些感觉被困住的人通常会制造一些爆炸性的事件来摆脱一段关系，他们知道这些方法会奏效。

这一点很重要的原因是，如果你承认自己应承担一部分责任（即使你只对自己承认），你就能更友好地处理分手问题，或者至少不那么痛苦。如果你没有意识到自己可以在哪些方面做得不同，那么，下次坠入爱河时，无论是选错了爱人，还是在关系稳定之后做出有害的行为，你都有可能犯同样的错误。

———————

我从来没有见过哪场分手是与双方无关的。

法则
003

|

关系破裂未必就是谁的错

　　根据上一条法则，当一段关系破裂时，通常不是因为谁的错。这并不意味着双方都没有表现糟糕的时候（或许你也曾表现不佳），但最终，这段感情是不可能成功的，只是你们中的一个先意识到了。

　　听着，当一段关系破裂时，我们大多数人都会经历大量的情绪波动，这些情绪可能包括遗憾、愤怒、沮丧、痛苦、尴尬、羞耻、懊恼、恐慌等。所以，找个替罪羊是很自然的事。而现在你的前任就像一个活靶子——完美的抨击对象。

　　请记住，你的前任正在经历属于他的"遭遇"，并且可能同样在责备你。你知道这不公平，对吧？所以，考虑一下你对他的一些责备情绪是否有点不理智。

　　你必须分拣出主要因素。你的前任可能确实应该为某些行为或处理分手的方式承担一些责任。但这并不意味着他应该为分手负主要责任。这些都是次要问题，但无论是外遇、不可接受的行为还是忽视了对方，都很可能是极其痛苦和令人心烦的问题。但这些都不是爱情终结的根本原因。

我刚才说了"你必须"分拣出主要因素，是吗？我为什么要说"你必须"？记住，我只是在传递我在其他人身上观察到的东西。我的意思是，如果你想从这次分手中恢复过来，就必须分拣出主要因素，并从中吸取教训，这将意味着你未来的恋情更有机会成功。

如果你能意识到这段关系的结束并不是谁的错，你会更快地走出这段不愉快的经历。这只是一个自然的高潮，因为你们不是彼此共度余生的理想伴侣。一旦你能从这个角度看问题，你就能全面公正地对待婚姻晚期所有轻微的不轨行为。这些行为可能仍然令人沮丧，但没有改变你们的故事，只是以你不需要的方式修饰了故事。

现在你可以看到这段关系根本就是不对的，你可以（等你从悲伤中恢复过来的时候）看看悲剧背后的原因，以及你下次谈恋爱时可以吸取的教训。如果你盲目地坚持认为这都是你前任的"错"，那你就永远无法做到这一点。再说了，那样会让你成为受害者。谁想成为受害者呢？

找个替罪羊是很自然的事。

法则
004

站在道德制高点

天哪，这句话说起来简单，做起来却很难，是吗？我知道这很难，但我知道你能做到。它需要一个简单的视角转换，从一个以某种方式行动的人变成一个以不同方式行动的人。听着，不管有多艰难，你都不会：

- 报复
- 行为不端
- 非常生气
- 伤害任何人
- 不假思索地行动
- 鲁莽行事
- 咄咄逼人

这就是底线。你要始终站在道德制高点。不管受到什么挑衅，你都要表现得诚实、得体、善良、宽容、友善（诸如此类）。不管你面临什么样的挑战，不管别人的行为多么不公正、多么恶劣，你都不能以牙还牙。你要继续做一个善良的、文明的、道德上无可指责的人。你的举止要无可挑剔。你的语言要温和端庄。无论他们做什么或说什么都不会让你偏离这条底线。

是的，我知道有时这样做很难。我知道，当世界上其他人的行为令人震惊时，你必须继续忍受下去，而不是屈服于你想用野蛮的话击倒他们的欲望。这真的非常艰难。当别人待你很恶劣的时候，你很自然地想要报复并猛烈抨击。不要这样做。一旦这段艰难的时光过去，你会为自己站在了道德制高点而感到骄傲，这将比复仇的滋味好一千倍。

我知道复仇很诱人，但不要这么做。现在不行，以后也不行。为什么？因为，如果你这么做了，你就会堕落到恶人的水平，你会变成野兽而不是天使，因为这会让你遭受贬低、诽谤，因为你会后悔，还因为你称不上人生法则玩家了。复仇是为输家准备的。站在道德制高点是唯一的出路。这并不意味着你是一个容易被打倒的人或懦弱的人。它只是意味着你所采取的任何行动都将是诚实的且有尊严的，你会因此成为更好的人。

你会为自己站在了道德制高点而感到骄傲，
这将比复仇的滋味好一千倍。

法则

005

别老揪着那些陈年往事不放

我认识一个女人，她的丈夫在大约 20 年前离开了她和孩子，和另一个女人私奔了。她还没有原谅他，她仍然很痛苦，这件事还在折磨着她。

这么多的怨恨和痛苦，受到伤害的人是谁呢？嗯，肯定不是他。他几乎不联系她，只有在孩子们需要的时候才联系。孩子们现在都长大了，他和第二任妻子在一起很幸福。不，她伤害的主要是她自己。她很痛苦，当然，她还是单身，因为她还没有从多年前的婚姻中解脱出来，所以她无法向前看，无法找到更幸福的爱情。

当然，她也伤害了孩子们。许多夫妻在分手后会经历两三年的困难时期，但我认识的大多数有孩子的夫妇在分手后都能保持完美的友好关系，只是他们私下里没有感觉到这一点。当孩子们在经历诸如结婚之类的大事时，他们应该可以把父母双方都请来参加婚礼，而不必担心父母缺席的尴尬。但这种好事不会发生在这个女人的孩子身上。事实上，孩子们甚至不能在她面前谈论他们的父亲。

她必须走出阴影。为了她，也为了孩子们，甚至为了她的朋友。她的朋友乐意一连几个月听她诉苦，但不可能坚持很多年听她唠叨。所有这些痛苦都是因为她沉湎于过去。生命只有一次，向前看吧！从错误中吸取教训，然后走出昨日的阴霾。

如果你允许自己沉溺于这些消极的感觉，并为自以为是的委屈而感到难过，你就会变成一个消极的人、一个受害者。这不是爱情法则玩家应该做的。当然，你需要舔舐自己的伤口，但随后要振作起来，掸去身上的灰尘，提醒自己如何重新享受生活。

我不在乎你的伴侣对你做了什么，也不在乎你是否坚信这都是他的错，而你的表现无可挑剔。这都是过去的事了，你也不再那样了。你正在向前看，将拥有美好的生活，要让自己和身边的人快乐，没有时间去翻看不必要的陈年往事。

————————

从错误中吸取教训，然后走出昨日的阴霾。

法则
006

不要把孩子牵扯进来

让我们说得清晰一点吧！在任何情况下，绝对没有理由让孩子们卷入你们的分手或后续事件中。他们已经经历了一段可怕的创伤期，不需要你利用他们来让自己感觉好一点。他们是唯一完全无辜的一方，不应该承受哪怕一点点额外的压力。

那么，这到底是什么意思呢？有什么事是你可能想做却不能做的？首先，不要拿孩子当武器。不要企图限制你的前任接近孩子，也不要闲得无聊搞事情来报复你的前任。

不要让孩子们做一些你的前任不喜欢做的事情（看对他们来说太老的电影，或者在主路上骑自行车）。孩子们知道你这样做的原因，虽然他们可能仍然会占便宜，但也会对此感到不舒服。他们会告诉另一位家长吗？他们应该感到内疚吗？不，他们不应该，他们一开始就不应该被置于这种境地。我不在乎他们的另一位家长在你看来是否过度保护，因为这不是重点，关键是你不要让孩子们承担这种责任。

你也不能在孩子们面前说你前任的坏话，包括微妙的暗示和小声的嘀咕。孩子们不傻，他们会知道你在做什么。你可能讨厌你的前任，但他是你孩子唯一的妈妈（或爸爸），而且她（或他）可能很爱他们。如果他们不爱她（或他），你又能帮助他们爱她（或他）而不是恨她（或他），他们会更快乐。所以，不要说"我不知道你妈妈会怎么想"或者"不要指望你爸爸会在运动日出现，他一定会让你失望的"这样的话来故意破坏另一位家长的形象。

你可能想向我指出你的前任已经做了所有这些坏事，甚至更多。但我不在乎。正如我之前所说的，在任何情况下都不应该把孩子牵扯进来。绝对不要那样做。如果孩子们已经有一个家长在耍这些手段了，他们当然不需要另一个耍手段的家长。我知道，当你的前任试图给孩子灌输有毒思想时，你很难忍住不说话，但插嘴会让事情变得更糟，不仅对你，对孩子也一样，我知道这不是你想要的结果。

我认识一些人，他们在这方面处理得很好，所以，这是可以做到的事。我还从来没有见过一个来自离异家庭的孩子不欣赏那些设法抵制这些诱惑且把孩子们放在第一位的父母。你的孩子是你的第一要务，如果你能做到这一点，就能昂首挺胸地走出分手的阴霾，真正为自己骄傲一回。

在任何情况下，绝对没有理由
让孩子们卷入你们的分手或后续事件中。

法则
007

不要妖魔化你的前任

如果你想妖魔化你的前任，这是很容易办到的。我知道有人给自己的前任取外号，比如骗子、失败者、自大狂之类的，甚至有很多更难听的污言秽语。

这当然有短期的宣泄效果。然而，从长远来看，这是有害的。我指的是对你有害，而不是对对方有害。如果你任由愤怒恶化，让它成为你日常生活的一部分，你将需要更长的时间去忘记不快。这种生活方式是行不通的，因为它不会让你快乐。最好是尽你最大的努力去达到一个你的前任不会在你身上激起负面反应的境界。这样他对你的情绪影响就小了。

另外，如果他是这样的恶棍，你当初和他在一起到底是为了什么？如果你把他塑造成了恶棍，实际上你等于把自己塑造成了白痴。要么你做事情的速度比任何有一点理智的人都要快得多，要么你完全无法识别面前的恶棍，或两者兼而有之。

除非……在这段关系开始的时候，你说得很对，这是值得付出努力的事情，万一喜结良缘了呢，只是这次你没有成功而已。但你不去尝试是不可能知道结果的。最后的状况可能会有点混乱，但实际上你俩都是普通人，尽了最大的努力，只是不幸被人性的缺陷和弱点阻碍了。

我知道，你想上升到这样的哲学高度，可能需要一段时间，特别是如果你们有很长的婚史，有孩子，有共有财产，等等。但哲理是唯一能让你感到快乐的地方，所以，只要你觉得自己能做到一半，就值得大踏步迈向那个地方。

那些从来不曾达到如此哲学高度的人，余生都在痛苦中度过，通常是单身不婚、孤独寂寞、憎恨异性。

我知道，有些夫妇在分手时，至少有一个人把另一个人描绘成恶棍，这并没有改变任何事情，只是他们的内心会忐忑不安，整个分手事件的后果也会持续更长时间。他们最终还是会分道扬镳，但最终（几乎总是）他们会到达一个和平的境界，只是比其他走捷径、走哲学路线的朋友受到的打击更大。最糟糕的选择是妖魔化你的前任，永远不要那样。因为除非你能把他当人看待，否则你永远走不出过去的阴霾。

————————

除非你能把他当人看待，
否则你永远走不出过去的阴霾。

法则
008

认清自己的错误

请问，你的错误在哪里？"错误"这个词太难听了，我们刚刚才明白你们不适合彼此可能不是谁的错。但是，有些事情你本可以做得不一样。即使不同的做法不能让这段关系继续下去，但可以让你不必去尝试这段恋情，或者缓解分手的痛苦。

有时候，我们首先要从选择谁作为伴侣的问题上吸取教训。我们可能需要一段时间才能意识到我们倾向于被特定类型的人所吸引，如果这种类型实际上并不适合我们，那么我们可能需要更长的时间才能学会抵制对这类冤家的迷恋。我有一个朋友，她对酗酒者非常着迷，以至于她不得不认识到，她在单身的时候，如果在房间里看到一个有魅力的陌生男人，几乎可以肯定他是个酒鬼。当然，一些戒酒多年的酗酒者也可以成为优秀的伴侣，但她往往会爱上那些真正处于低谷的人。

也许你喜欢的类型不是那么明显。但也许你选择了一个被金钱驱使的伴侣，他醒着的每一个小时都在工作。此时，你必须搞清楚这要不要紧。或者，你发现你不适合找个讨厌孩子的人，或者和你的文化品位不一样的人，或喜欢死板的生活方式的人，或对钱毫无期望的人，或只吃意大利面的人。你必须弄明白这是否行得通，下次你就会更容易避免或绕开。

嗯，好吧，你的情况不一样，一切进展顺利。你们在理论上是完全合得来的，你一开始就做出了正确的选择。既然如此，为什么结果不正确呢？双方都会有失误，你需要诚实地面对自己的失误，这样才能接受这一切已结束的事实。如此，可以确保你的下一段感情成功的概率高一点。

在这里，我能给你的最好建议就是通读本书，看看你可能会漏掉哪些法则。没有人能做到随时遵守所有的法则，我当然也做不到。所以，承认遵循其中一些法则对你来说不那么容易也没什么丢人的。你还能更深情些吗？少一点挑剔？多一点体贴？少一点控制？你能让你的伴侣感受到更多的支持吗？你能鼓励他花时间做他喜欢的事情吗？多听他说话，少唠叨？你能多承担一些采购、做饭、打扫等家务吗？你能对他更热情吗？你能让他更愿意做自己吗？

对于其中一些问题，或者其他类似的问题，答案必须是肯定的。没有人能对所有这些都说"不"，因为我们没有人是完美的。诚实地面对你觉得最难相处的亲密关系的点点滴滴，这样你就会更容易接受过去，并找到更好的未来。

———————

双方都会有失误，你需要诚实地面对自己的失误。

法则
009

选择信得过的朋友去倾诉

当你正在经历分手或刚刚经历过分手，你会非常脆弱，所以你需要仔细考虑向谁倾诉。并不是所有的朋友都把你的最大利益放在心上，虽然说他们可能认为他们是真的关心你，而且你现在比平时更容易被动摇。

我给大家举个例子。我认识一个女人，她和结婚多年的丈夫分手了。她有三四个非常同情她的闺蜜，她们最近都经历了各自的分手和离婚。然而，这些感情破裂的经历让她们非常痛苦，并确信所有的男人都不可靠。当然，她们给她的建议也反映出了这一点。她们鼓励她让他净身出户，结果离婚闹得很凶。她后来说，事后看来，如果她没有依赖那群闺蜜的支持，整个离婚过程对每个人来说都会轻松得多。

你可能明白为什么我的朋友认为她的最佳支持者们是那些有过同样经历的朋友。然而，在分手时，你最好找那些经历的遭遇不那么残酷的朋友。

显然，还有一些你可能会后悔求助的朋友。首先是那些不能保守秘密的人，尤其是那些和你的前任很亲近的人。对朋友来说，连累他们或要求他们选边站都是不公平的。我并不是建议你停止和这些朋友交谈，只是暂时不要向他们吐露心声。

你也不需要那些让你感觉更糟的朋友，或者那些胡说八道的朋友。比如，告诉你完蛋了，或者说你很幸运，其他人过得更糟，你现在不想听这些话。

那么，你想要什么样的朋友呢？你可以信任的朋友，他们偶尔会让你自嘲，还会帮你遵守我们设定的法则。所以，如果他们妖魔化你的前任，喋喋不休地说分手都是你前任的错，或者鼓励你做出小小的报复行为，那是没有用的。如果你有孩子，你希望你的朋友能明白他们很有必要帮助你找到保护孩子的方法，让孩子们远离情感伤害。

你要知道你应该选择哪些人做朋友，以及你为什么选择他们做朋友。当你处于感情最脆弱的时候，有选择性地向谁寻求支持和建议是很重要的，在你开始恢复自信之前，请和那些不太负责任的朋友保持距离。

————

你也不需要那些让你感觉更糟的朋友。

法则
010

分手之后，也要好好生活

　　如果你的整个世界变得乱七八糟，不管你是否预见到了，你都不会指望生活还能恢复正常。这种乱七八糟的恐怖生活似乎从现在起就成了你的整个悲惨世界。

　　在你的脑海里，你知道这不是现实生活的样子。你已经见识过很多人在经历了可怕的分手后都能恢复并拥有美好的生活——通常是更美好的生活。但这不是你现在想听到的话，因为这不合情理。

　　然而，想想你在两个月、六个月、两年之后会有什么感觉，这可以帮助你对未来有一些憧憬。现在感觉是一个颠倒的世界，将来会显得很正常。就像澳大利亚人认为生活在一个永远颠倒的世界是正常的一样，事实上，他们甚至没有意识到自己的世界是颠倒的。[○]嗯，总有一天你也不会忽略自己的世界颠倒的事实。一种新的常态会慢慢渗透进来，你会继续生活，变老了一点，也更

　　○　我正在北半球的英国写这条法则，所以对我而言，南半球的澳大利亚就是一个颠倒的世界。

聪明了一点，但除此之外，你还是原来的你。

就像其他创伤性事件一样，从分手的阴影中走出来不是一蹴而就的事情。也许偶然的顿悟会让你在恢复元气的道路上走得更快一些，但你还得等着感觉好一点才行。因为时间是这个过程中的主要因素之一。

每天都会感觉和前一天没什么两样。我知道，人的一生中会经历无数个好日子和坏日子、美好的时刻和糟糕的时刻，但潜在的复苏似乎不会每天都发生变化。然而，如果你画一个图表，这个趋势实际上是稳步上升的。重要的是，你要经常停下来思考你已经进步了多少。当你这样做的时候，你会注意到疼痛正在慢慢消退，一个新的常态正在建立，你会好起来的。

我最近很少引用诗歌，所以，我将在这里引用一首我最喜欢的诗，正好可以表达这条法则的观点。它出自亚瑟·休·克拉夫（Arthur Hugh Clough）的《不要说奋斗终是徒劳》（*Say not the Struggle naught Availeth*）。令人欣慰的是，这首诗提醒我们在专注于日常生活时很容易忽略的一个事实：如果我们抬头看，事情会比我们想象的好得多。

> 阳光爬满东窗，
> 晨光射进，屋里亮堂堂，
> 前方，太阳缓缓升起，好慢好慢，
> 但在西边，你瞧，大地已被照亮。

―――――――

现在感觉是一个颠倒的世界，将来会显得很正常。

第七章

其他不可错过的人生智慧

　　我要谈的不仅仅是爱的法则。如果你很聪明，就会想要学习那些成功人士在生活、金钱、工作、养育、人际关系、管理、思考、健康方面的行为方式。幸运的是，通过多年的观察、提炼、筛选和总结，我已经把真正有意义的东西变成了方便的小法则。

　　我一直希望不要把这些基本的法则延伸得太远，但根据读者的巨大需求，我已经解决了那些影响我们所有人的重大领域。因此，在接下来的几页中，我会从我的其他法则书中挑出几条法则，让大家先睹为快。

　　我想听听读者朋友的想法。如果你们喜欢，每本书里都会追加几条其他法则书里的法则。

帮助别人，你会感觉良好

　　在某种程度上，我并不提倡打破"为自己打算"的法则，但我并不按照一般的意思来加以诠释。通常的暗示是，你应该专注于自己的需求，而不是别人的需要。事实上，就像镜子里的世界一样，我发现，如果你真的想感觉良好，就需要把自己的愿望暂且搁置一边。

　　我的一个孩子让我明白了这条法则。大约在他12岁那年的一个晚上，他放学回家后说他今天过得很开心。他曾帮助一位遇到各种问题的朋友，也曾倾听另一位想要发泄内心挫折感的朋友。然后，他注意到办公室的一个工作人员在费力地搬东西，所以他就插手帮忙了。他告诉我，今天是个阳光灿烂的日子，用他的话来说，是因为"我喜欢帮助别人，这让我感觉良好"。

　　我恍然大悟，意识到他已经把我多年来没能表达清楚的东西简明扼要地表达出来了。不知怎么的，他的措辞如此简单，以至于一切都顺理成章。我早就注意到，总是帮助别人似乎是最能获得满足感的方法。我的儿子已经发现，帮助他人的行为可以提升自我形象。

这条法则对幸福人生的重要性再怎么强调也不为过。帮助别人的壮举确实会给你一个强大而积极的自我形象，这反过来又会建立你自己的信心。这能让你不去想自己的问题，也意味着你更喜欢自己。这是我所知道的最有用的"心理万能药"了。

无论你是把精力放在自己的家人身上，还是放在你从未见过的远方的人身上，似乎都无关紧要。你可以把你的一生奉献给慈善事业，也可以花时间照顾你的孩子。

你可以每周帮邻居购物，每周花一天时间参加当地的慈善活动，成为一名全职医生，或者只是留意每天提供帮助的机会。很明显，你需要始终如一地获得那种良好的感觉。如果你每周为慈善机构奉献六天，然后在回家途中的大街上遇到一个老太太并一脚把她踹飞了，这是不好的。你需要始终把帮助别人放在第一位。

然而，这并不意味着你不应该有自己的时间。你不需要没日没夜地出去找需要帮助的人。别担心，你仍然可以在晚上把脚跷在电视机前享受悠闲时光。你可以玩得开心，你可以去度假，也可以在晚上邀朋友一起出去狂欢。你不必改变你的生活（除非你想）。它是一种展望，一种态度，一种默认设置。只要你觉得有需要，就伸出援手，甚至舍己为人。你会意外地发现，你对该法则里的"自己"颇为满意。

如果你真的想感觉良好，
就需要把自己的愿望暂且搁置一边。

你会变老，但未必会变聪明

有一种观点认为，随着年龄的增长，我们会变得更聪明。恐怕事实并非如此。正常情况是，我们仍然像以前那样愚蠢，仍然犯很多错误，还制造了新错误。我们确实从经验中学到了教训，也许不会再犯同样的错误，但错误就像泡菜罐，总是有一个全新的错误正等着我们绊倒并掉进去。秘诀是接受这一点，当你犯下新的错误时，不要自责。换句话说，这个法则其实就是：当你把事情搞砸时，要善待自己。请原谅自己，接受这一切都是成长的一部分，而循规蹈矩并不会让你更明智。

回首往事，我们总能看到自己犯过的老错误，却看不见眼前正在步步逼近的新错误。说你明智，并不是说你不犯错，而是懂得在事后全身而退，保全自己的尊严和理智。

年轻的时候，我们总是认为衰老似乎是发生在老年人身上的事情。但它确实发生在了我们所有人的身上，我们别无选择，只能顺其自然，接受自己慢慢变老的事实。无论我们做什么，无论我们是谁，我们都会变老。随着年龄的增长，这种衰老过程似乎会加速。

你可以这样看：年龄越大，你犯的错误就越多。我们总会在一些我们没有指导方针的新领域把事情处理得很糟糕，我们常常反应过度，并且会出错。我们越灵活，越有冒险精神，越拥抱生活，就越会有更多的新途径等着我们去探索，当然我们也会一路上错误不断。

只要我们回顾过去，找出错误所在，下定决心不再重蹈覆辙，我们就没有什么可遗憾的了。记住，任何适用于你的法则也适用于你周围的其他人。他们也都在变老，也不是特别聪明。一旦你接受了这一点，你就会对自己和他人更加宽容和友善。

最后，随着年龄的增长，时间会治愈一切，事情会变得更好。毕竟，你犯的错误越多，你再犯新错误的可能性就越小。如果你在年轻时就改正了很多错误，日后需要艰难学习的东西就会少一些。这就是青春的意义，你有机会犯各种各样的错误，然后改正错误就好。

说你明智，并不是说你不犯错，而是懂得在事后全身而退，保全自己的尊严和理智。

做放松的父母，不纠结，不焦虑

你的熟人中有哪些称得上是最优秀的父母？是那些拥有一种看似本能的能力，说些什么和做些什么就能让孩子快乐、自信、健康的人吗？你有没有想过是什么让他们在这方面如此出色？现在想想那些你私下里觉得不怎么称职的父母。他们为什么不称职呢？

我所认识的优秀父母们都有一个关键的共同点。他们在为人父母这事上很放松。而那些不擅长做父母的人总是纠结于某件事而焦虑不安。也许他们并没有因为自己为人父母的优秀程度而感到压力（也许他们应该努力变得更优秀），但他们对一些影响他们成为优秀父母的事情而感到焦虑。

我认识一对神经质般爱干净和整洁的父母。他们的孩子必须在门口脱鞋，否则整个世界就会崩溃。即使鞋子是干净的，孩子们也不能穿鞋进屋。如果他们的孩子把东西乱放或弄得一团糟（即使后来清理干净了也不行），他们会非常紧张。这使孩子们不可能尽情放松和享受，害怕一不小心把草渍弄到了裤子上，或者一不留神打翻了番茄酱瓶。

我还有一个朋友，她痴迷于竞争，以至于她的孩子们承受着巨大的压力，要赢得每一场友谊赛。每次她的孩子擦伤膝盖，她都会非常烦恼。我敢打赌，你认识的熟人中有很多类似的例子。

此外，我所遇到的真正优秀的父母则希望他们的孩子吵吵闹闹、邋里邋遢、蹦蹦跳跳、争吵不休、牢骚满腹、满身是泥。他们会从容应对这一切。他们知道自己有 18 年的时间把这些小家伙变成受人尊敬的成年人。他们会让小家伙们慢慢调整自己，不急于让他们表现得像成年人一样，相信他们会在恰当的时候做到的。

悄悄告诉你，随着时间的推移，这条法则会变得越来越容易遵守，尽管有些人还不能像真正的育儿法则玩家那样运用自如。

领着十几岁的孩子出门真是一件苦差事，带最大的孩子出门要比带最小的孩子难得多，一刻也不能放松。带着婴儿出门，你需要关注的最基本的一点就是：让你的宝宝保持健康，不要太饿或太不舒服。其他的就不用担心了。如果宝宝的内裤穿得不好，或者你今天没有抽出时间给宝宝洗澡，或者你出去度周末，没带床具供宝宝睡觉，这都没关系（是的，我有一个朋友就这样做过，但她没有担心，因为她是一个遵守育儿法则的家长）。

如果你们能在每天结束的时候喝一杯葡萄酒或一杯金汤力鸡尾酒⊖来放松一下，然后愉快地对彼此说"宝贝们还健在，莫非我们歪打正着了"，那就更好了。

真正优秀的父母则希望他们的孩子吵吵闹闹、
邋里邋遢、蹦蹦跳跳、争吵不休、
牢骚满腹、满身是泥。

⊖ 不，我不是在鼓励父母用酒精来渡过难关。只是放松一下。